10대와 통하는

탈핵 이야기

10대와 통하는 탈핵 이야기

제1판 제1쇄 발행일 2014년 3월 11일
제1판 제11쇄 발행일 2021년 10월 9일

글 | 최열, 김익중, 이원영, 한홍구, 우석균, 강양구
그림 | 소복이
기획 | (사)평화박물관건립추진위원회
편집 | 책도둑(박정훈, 박정식, 김민호, 김현, 서동환)
디자인 | 이안디자인
펴낸이 | 김은지
펴낸곳 | 철수와영희
등록번호 | 제319-2005-42호
주소 | 서울시 마포구 월드컵로 65, 302호 (망원동, 양경회관)
전화 | (02)332-0815
팩스 | (02)6003-1958
전자우편 | chulsu815@hanmail.net

ISBN 978-89-93463-50-7   43300

철수와영희 출판사는 '어린이' 철수와 영희, '어른' 철수와 영희에게 도움 되는
책을 펴내기 위해 노력하고 있습니다.

10대와 통하는

탈핵 이야기

최열 김익중 이원영 안홍구 우석균 강양구 소복이

철수와영희

핵 없는 세상을 꿈꾸는 청소년 여러분을 초대합니다

이 책에 수록된 강연들은 2012년 3월 '핵안보정상회의'를 앞두고 평화박물관에서 진행한 〈핵 없는 세상을 꿈꾸는 당신을 초대합니다〉라는 강좌의 내용을 정리한 것이다. 후쿠시마 사고가 터진 일본의 바로 이웃 한국에서 여러 해 동안 북핵 문제로 세상이 시끌시끌한 가운데 '핵안보정상회의'가 열렸음에도 놀랍게도 후쿠시마 핵 사고나 북핵 문제는 회의의 의제가 아니었다. 미국의 요구로 열린 '핵안보정상회의'는 '비국가 행위자'인 테러리스트들로부터 핵을 지키기 위해 50~60개 국가의 정상이 모이기로 한 것이다.

평화박물관은 해방 60주년을 앞두고 2004년부터 원폭 문제에 대해 관심을 갖게 되었다. 그 과정에서 '한국 원폭 2세 환우회' 김형률 회장을 만나 몇 가지 사업을 준비하였으나, 김형률 회장의 급작스러운 작고로 제대로 일을 추진하지 못하였다. 그러다가 2011년 일본의 후쿠시마 핵발전소 사고의 충격 속에서 2012년 3월 '핵안보정상회의'가 서울에서 개최된다는 소식을 듣고 강좌를 준비하게 되었다. 평화박물관이 이 강좌를 준비한 것은 그동안 핵에 관한 논의가 주로 환경 운동 쪽에서만 이루어지는 것에 대해 평화 운동의 입장에서 반성할 점이 많았다는 생각에서였다. 핵발전과 핵폭탄은 핵 분열의 속도 차이만 있을 뿐, 원리가 똑같다는 점에서 마치 일란성쌍둥이처럼 밀접한 관계를 갖고 있다. 그럼에도 현실 대응에서 핵발전 문제는 주로 환경 운동이, 핵폭탄 문제는 주로 평화 운동이 따로따로 맡아 왔다. 시민 운동조차 인식과 실천에서 핵발전과 핵폭탄 문제를 통일적으로 다루지 못했던 것이다. 이 강좌는 그 간극을 메워 보려는 초보적인 시도였다.

이 책의 내용을 간단히 소개하면 다음과 같다. 한국 사회에서 환경 운동이라는 새로운 영역을 선구적으로 개척해 온 최열 환경재단 대표는 첫 번째 강의에서 대안 에너지 개발의 풍부한 잠재력을 통해 탈핵이 불가능한 꿈이 아니라는 사실을 일상의 언어로 설득력 있게 제시했다. 두 번째 강의를 맡은 김익중 교수는 탈핵 운동 진영의 최고 인기 강사답게 아주 쉬운 언어로 가장 핵심적인 문제들을 정확하게 짚어 주었다. 이 강의는 '전문가'들의 궤변과 번잡한 수치와 "애들은 가라"식의 오만한 태도를 단단한 상식으로 깨어 버렸다. 3강을 맡은 이원영 교수는 탈핵에너지전환교수모임을 만드는 과정에서도 주도적인 역할을 담당했다. 그는 탈핵이 어떻게 가능한지를 보기 위해 각 분야의 지식인들을 조직하여 독일의 탈핵 현장을 답사한 생생한 이야기를 들려주었다. 4강은 내가 담당했는데, 핵에 대한 전문가는 아니지만, 인문학과 평화 운동의 관점에서 탈핵 운동에서 종종 '주변화'되는 핵폭탄 문제에 대한 이야기와 조선인 원폭 희생자들 문제를 다루었다. 마지막 강의를 맡은 우석균 보건의료단체연합 정책위원장은 핵에 대해서 아무리 무관심한 사람도 민감하게 반응할 수밖에 없는 건강 문제를 다루었다. 이 강의는 개인의 건강에 대한 관심을 어떻게 공동선으로 끌어올릴 것인가에 대한 사회적 고민을 담았다.

이 책은 원래 일반인을 대상으로 기획되었지만, 청소년들에게도 어렵지 않은 내용이기에 출간 과정에서 탈핵에 대한 문제의식을 함께 공유하고자 청소년 독자들을 대상으로 펴내게 되었다. 그래서 소복이 님의 그림과 〈프레시안〉 강양구 기자의 글을 함께 실었다. 이 책을 통해 청소년 여러분들이 핵 없이 사는 것이 가능하다는 것을 알 수 있게 되는 기회가 되었으면 한다.

2014년 3월
한홍구

차례

핵 보다 더 강한 에너지

글·그림 소복이

그들은 거짓말쟁이 였다.

사실을 말하지 않고 끊임없이 속이고 속였다.

사람들은 조금 의심했지만 눈에 보이지 않았기 때문에 늘 속았다.

그리고,

거짓말은 모두 들통났다.

* 이 내용은 〈살림 이야기〉 2011년 가을 호에 실렸습니다.

이제
사람들은
거짓말쟁이의 말을
더 이상
믿지 않았다.

서로의 이야기에
귀 기울이고,

자연의 소리를
들으려 애썼다.

현재의 다급함 보다는
미래를
꿈꾸기 시작했고,

그러기 위해서
바로 지금의 삶을
바꾸기로 했다.

그 시작은
모든 핵발전소의 가동을
멈추게 한 것이다.

핵발전소가 가동을 멈추었지만,
거짓말쟁이의 말과 다르게, 세상은 멈추지 않았다.
사람들은 자동차 대신에 심장을 엔진으로 하는
자전거를 선택했고,

건물을 하나 짓는 대신에
나무 한 그루를 더 심었다.

그리고, 어떤 정치인을 지지하는가가
얼마나 중요한지를 깨달았다.

1강
하나의 뿌리에서 나온
핵발전소와 핵무기

최열(환경재단 대표)

인간의 수명은 길어야 100년밖에 안 됩니다. 핵발전소의 수명은 40년 안팎이에요. 핵폐기물은 10만 년을 계속 갑니다. 한 세대를 30년으로 볼 때 3000세대의 후손에게 영향을 미친다는 얘기예요. 약 40년 동안 전기를 공급받기 위해서 그 위험한 물질을 수천 세대에 걸쳐 남겨 주는 것이 과연 바람직한지 생각해 보아야 합니다. 이건 단순히 과학 기술의 문제가 아니라 윤리의 문제입니다.

1강_ 하나의 뿌리에서 나온 핵발전소와 핵무기

안녕하세요. 만나 뵙게 돼서 반갑습니다.

제가 환경 운동에 관심을 가진 것은 1976년입니다. 대학에서 화학을 공부했는데요, 전공을 살려서 사회에 기여할 방법을 고민한 끝에 '공해 문제'를 택했습니다. 지금은 환경이라고 하지만, 그때는 환경이란 말 대신 '공해', '오염' 등의 용어를 썼습니다.

핵 문제는 우리 삶과 깊이 연관되어 있습니다. 하지만 평소에는 깊이 있게 생각해 볼 여유가 없지요. 그래서 오늘 이 문제에 대해 여러분과 함께 이야기를 나눠 보고자 합니다.

지구를 소비하는 우리의 일상

현대인들은 엄청난 자원을 소비하며 살아갑니다. 평소에는 잘 느끼지 못할 거예요. 하지만 일상을 들여다보면 이런 사실은 금세 드러납니다. 우리가 입는 옷을 예로 들어 볼까요? 예전에는 손수 옷을 만들어 입었습니다. 지금 그런 사람은 드물죠? 돈만 있으면 수백만 원짜리 값비싼 옷도 쉽게 구할 수 있습니다. 과일을 사듯 카트에 집어넣으면 그만이지요. 옷이 만들어지는 과정에 대해서는 잘 알지 못합니다.

옷을 만들려면 우선 원료가 필요하겠죠. 식물일 수도 있고 합성 섬유일 경우 여러 가지 화학 물질일 수도 있습니다. 이걸로 실을 만들어서 천을 짭니다. 그리고 색을 입히겠죠. 염색한 천을 잘라 재봉질을 합니다. 상품으로 만들어지면 포장을 합니다. 완성된 상품을 운송 수단을 통해 시장이나 마트 같은 데로 옮겨 판매대에 올립니다.

여러분, 이 과정에는 노동력뿐만 아니라 많은 양의 물이 쓰인다는 사실을 알고 계십니까? 실을 만들 때도 염색을 할 때도 상당한 양의 물이 투입됩니다. 물은 어디서 얻습니까? 강물과 지하수를 쓰겠죠. 가끔 신문 지상에 염색공장 폐수로 심각하게 오염된 강물이 등장하는 것도 이런 이유입니다. 화려하게 전시된 옷의 이면에 지구의 환경과 자원 문제가 있는 것입니다.

이번엔 우리 식탁을 한번 살펴보겠습니다. 불과 몇십 년 사이 우리의 식습관은 크게 달라졌어요. 우선 많이 먹습니다. 물론 지금도 끼니를 거르는 사람이 있습니다만 평균적으로 볼 때 이전보다 먹을 것이 훨씬 풍부해진 것은 사실입니다. 종류도 다양해졌어요. 예전에는 텃밭에서 직접 가꾼 채소나 가까운 장터에서 구해 온 고기 등을 먹었습니다. 지금은 컴퓨터 클릭 하나로 전 세계의 다양한 음식 재료를 구할 수 있어요. 바로 집 앞까지 배달해 줍니다. 이것이 가능해진 것은 바로 유통망의 비약적인 발달 덕분입니다. 오늘 아침 제주 앞바다에서 잡은 생선이 그날 저녁 식탁에 오를 수 있는 것, 오스트레일리아에서 생산한 소고기, 미국 남부에서 재배하고 가공한 밀가루를 동네 마트에서 구할 수 있는 것도 이 때문이에요.

하지만 이러한 편리함은 새로운 문제를 낳습니다. 먹을거리의 수입 의존도가 높아진 것입니다. 우리나라 농산물의 경우 쌀을 제외한 콩, 밀, 옥수수 등은 대부분 수입산입니다. 돼지, 소, 닭처럼 매일 우리 식탁에 오르는 고기도 이전보다 수입산이 많아졌어요. 국산이라고 해도 대개 수입한 곡물을 배

합해서 만든 사료를 먹여서 키웁니다.

수입 자체가 문제는 아닙니다. 식품의 신선도가 떨어지는 것은 둘째 치고라도, 이들 상품을 유통하는 과정에서 화석 연료의 소비와 이에 따른 환경오염이 발생한다는 것이 문제예요. 식품을 먼 곳까지 실어 나르려면 더 많은 운송 수단이 필요합니다. 지구 온난화의 주범인 이산화탄소의 배출이 증가하죠. 또 고기 소비의 증가는 강과 하천의 오염을 낳습니다. 가축을 키우면서 발생하는 분뇨 때문이에요.

우리는 예전보다 더 잘 입고 더 잘 먹습니다. 바꾸어 말하면 더 많이 소비한다는 것입니다. 분명 우리는 이전보다 많은 자원을 세계 곳곳에서 가져다쓰고 있습니다. 대표적인 자원인 석유야 말할 것도 없고, 철광석은 어떻습니까? 우리나라에서 철광석이 얼마나 생산됩니까? 철광석을 녹이는 데 필요한 석탄, 코크스 같은 것들을 모두 수입합니다. 예전에는 우리나라 강원도 탄광에서 직접 캤지요? 지금은 그럴 필요가 없습니다. 수입해서 쓰는 게 싸거든요. 우리 국토의 65퍼센트가 산림이지만, 소비하는 나무의 90퍼센트 이상은 수입품입니다. 다른 나라에서 더 좋은 목재를 더 싸게 들여옵니다.

이미 우리는 전 지구적인 소비를 하고 있어요. 우리 땅에서 나는 자원만 자원이 아닙니다. 이제는 관점을 바꿔야 해요. 우리는 지구 곳곳을 파헤친 대가로 얻어진 풍요 속에서 살고 있습니다. 그런데 이면에 감춰진 지구 환경의 희생을 보지 못하고 있습니다. 돈만 있으면 뭐든 다 가져다 쓸 수 있다는 사고에 젖어 있어요. 어떻습니까? 따져 보니 내 문제가 곧 지구의 문제라는 게 쉽게 이해가 되시죠.

일상의 소비와 자원, 환경 문제는 따로 있지 않습니다. 제가 이 말씀을 드리는 이유는 이것이 핵과도 깊은 관계에 있기 때문입니다. 도대체 핵발전과 소비가 무슨 상관이야, 하고 생각하실 수도 있습니다. 하지만 핵발전을 지지하는 논리를 따져보면 이해가 가실 거예요. 우리가 좀 더 풍요롭게 살려면 핵발전이 꼭 필요하다고 이야기하기 때문입니다. 즉 더 잘 입고 잘 먹고 잘 살려면 핵이 필요하다는 거지요. 이때 우리는 말해야 합니다. 차라리 덜 입고 덜 먹고 덜 소비하며 살겠다고 말이지요.

자, 그럼 본격적으로 핵이 우리 삶에 어떤 영향을 끼치는가에 대해 말씀 드리겠습니다.

핵 문제는 세계인이 풀어야 할 숙제

핵이나 환경에 대한 생각은 세대에 따라 다릅니다. 어린이들이 보는 핵, 여성들이 보는 핵, 60~70대가 보는 핵이 다 다릅니다. 1960~70년대에 태어나 산업화를 경험한 세대들은 개발을 우선시하는 경향이 있습니다. 어릴 때부터 어떻게 해서든 성장을 해서 일정한 수준까지는 가야 한다는 논리 속에서 살아왔기 때문에, 개발 부작용 같은 것들은 크게 신경 쓰지 않습니다.

2011년 3월에 발생한 후쿠시마 핵발전소[1] 사고를 봅시다. 이를 계기로 많은 사람들이 핵의 위험성을 깨닫고 있지만 젊은 여성들, 특히 아기를 가진 여성들이 가장 예민합니다. 방사능은 긴 시간에 걸쳐 인체에 축적되니까요. 다음 세대에 더 많은 후유증을 남깁니다. 그 사실을 젊은 엄마들이 잘 알고

---

1) 우리는 '핵발전소'라는 이름과 '원자력발전소'라는 이름을 혼용하여 사용합니다. 세계에서 핵발전소를 원자력발전소라 부르는 나라는 한국과 일본뿐입니다. 이 책에서는 가능한 핵발전소로 표기했습니다.

있는 것이지요.

법륜 스님을 만난 적이 있는데, 법륜 스님이 전국을 돌며 많은 사람들과 대화를 나누고 나서 하시는 말씀이, 핵에 대한 생각, 핵발전소에 대한 생각, 핵 안전에 대한 생각이 세대에 따라 100배는 차이가 나는 것 같더랍니다. 아무래도 노년층보다는 젊은이들이 더 민감하다는 얘기예요.

방사능의 위력을 잘 알지 못하는 분들도 더러 있습니다. "핵발전소요? 터져 봐야 죽기밖에 더합니까? 일본에서 터졌는데 우리가 뭐가 문제입니까. 일본에서 사고가 났으니 외려 우리나라 국제 경쟁력이 높아져서 수출에 유리하지 않나요." 그렇게 말씀하시는 분들도 있습니다. 모두가 현실을 모르고 하는 말입니다. 핵 문제는 이미 세계인이 풀어야 할 공통의 숙제가 되었어요.

제가 질문 하나 드려 볼까요? 우리는 지금 21세기를 살고 있습니다. 21세기가 시작되고 지금까지 발생한 사건 중 후세에 가장 많은 영향을 미칠 사건이 뭐라고 생각하십니까? (청중: "지구 온난화요.")

네. 지구 온난화는 우리가 당면한 가장 큰 문제 중 하나입니다. 인류가 무분별하게 화석 연료를 쓰면서 시작된 사건이지요. 지금 대책을 만들지 않으면 미래 세대에 큰 재앙이 될 것은 분명합니다. 이와 관련해서 말씀드릴 게 있습니다. 지난 2010년 미국의 시사 주간지 〈타임〉이 21세기 첫 10년간 지구촌의 주요 사건을 뽑았는데, 그중 하나가 기후 변화 대처였습니다. 또 환경과 관련해서 브리티시 패트롤리엄(BP) 사의 원유 유출 사고 등이 포함됐죠. 여러분이 잘 아시는 9·11테러 사건과 이를 빌미로 벌인 미국의 이라크 전쟁도 꼽혔습니다.

2001년 9월 11일 세계 자본주의의 상징인 무역센터 쌍둥이빌딩이 주저앉았을 때 저는 제주도에 있었습니다. 강연을 마치고 호텔에 들어와서 TV를 보는데 느닷없이 미국 NBC 방송이 나오는 거예요. 현장에서 생생하게 전송 돼오는 화면을 보면서 '아, 우리의 21세기가 이렇게 시작되는구나.' 하고 느꼈습니다.

그런데 말이에요, 지금까지 말씀드린 것과는 비교할 수 없을 정도로 큰 사건이 최근에 발생했습니다. 아까 잠깐 말씀드린 일본 후쿠시마 핵발전소 폭발 사고가 바로 그것이에요. 핵발전소 사고는 테러 같은 것과는 질적으로 다릅니다. 테러는 시간이 지나면 수습이 됩니다. 그러면 사람들 기억에서도 서서히 사라지게 마련이지요. 그런데 핵은 그렇지 않습니다. 제2차 세계대전이 끝나 갈 무렵 미국이 히로시마와 나가사키에 핵폭탄을 투하했습니다. 수십만 명의 무고한 시민이 희생당했죠. 더욱 중요한 사실은 살아남은 사람들조차 지금까지 피폭으로 인한 끔찍한 후유증에 시달리고 있다는 것입니다. 고통은 기형이나 각종 선천적 질환 등의 형태로 다음 세대에 이어집니다. 이처럼 핵 사고의 영향은 오랜 시간 지속됩니다. 체르노빌에서 핵 사고가 난 게 언제입니까? 1986년 4월 26일 발생했으니 올해로 28년이 됩니다. 그런데 아직도 사고 지점으로부터 반경 30킬로미터 안에는 사람들이 못 들어가게 되어 있어요. 사고의 후유증이 지속되고 있는 겁니다. 그보다 훨씬 규모가 큰 후쿠시마 핵발전소의 경우 회복되기까지 얼마나 걸릴지 상상조차 어려울 지경입니다.

우리는 재난을 다룬 영화나 드라마, 소설을 보면 뭔가 과장되었다고 느낄 때가 있어요. 알면서도 즐기는 거죠. 일례로 2009년 개봉하여 1000만 명 이상 관객을 모은 영화 〈해운대〉를 볼까요? 잘 아시겠지만 부산에 쓰나미가 덮친다는 내용입니다. 사실적인 특수 효과가 화제가 된 영화죠.

이 영화를 보면서 '뭐 저렇게 과장되게 만들었느냐?' 하고 생각한 사람이 아주 많았어요. 재미는 있지만 현실적으로 가능하냐는 거죠. 물론 영화는 100퍼센트 상상력의 산물입니다. 하지만 과연 현실에서 이런 일이 일어나지 않을 거라고 단정할 수 있을까요? 생각해 보세요. 2011년 일본 후쿠시마현에 쓰나미가 덮쳤을 때의 장면이 TV 등 매체를 통해 생생하게 전달되었습니다. 여러분도 보셨으리라 생각되는데 어때요. 오히려 현실이 더 영화 같지 않던가요? 쓰나미는 자연재해라 어쩔 수 없었다고 말할 수는 있습니다. 하지만 뒤이은 핵발전소 사고는 분명히 우리 인간의 책임이에요.

미래학자들의 경고

지금까지 벌어진 사건이 아니라 앞으로 있을 만한 것 중에 우리에게 큰 영향을 미칠 사건에 뭐가 있을까 생각해 봅시다. 상상력을 동원해 보세요. 지금 이 자리에 오신 여러분은 아마도 100세까지는 사실 겁니다. 평균 수명이 지금의 추세로 계속 늘어난다면 말이지요. 나중에 100살 혹은 120살이 되었을 때 과거를 회상하며 가장 충격적인 사건으로 꼽을 만한 게 뭐가 있을까요? (청중: "세계 전쟁이오.")

그렇습니다. 지금도 3차 세계대전의 가능성에 대해 많은 사람들이 경고하고 있죠. 그리고 또 뭐가 있을까요? 제가 몇 가지 말씀을 드려 보겠습니다. 미래학자들이 말하는 것 중 하나가 복제 인간의 탄생입니다. 영화 속에나 등장하던 복제 인간이 21세기에는 현실화될 것이고 이에 따른 윤리성 논란이 일어날 거라는 거예요.

그다음으로 미래학자들이 예측한 게 바로 '핵테러'라는 겁니다. 사고와 달리 테러는 사람이 의도적으로 일으키는 겁니다. 21세기 초입에 세계를 뒤흔든 게 9·11테러 아닙니까? 9·11테러도 큰 사건인데, 핵테러가 나면 어떻겠습니까? 가히 상상을 초월할 만한 혼란이 일어날 것입니다. 누군가 테러를 목적으로 뉴욕 한복판에 핵을 터트린다고 생각해 보세요. 정말 끔찍한 일이죠. 그런데 미래학자들은 이런 의도적인 핵테러가 일어날 확률이 100퍼센트라고 보는 거예요.

먼 나라 이야기라고 생각하실지 모르지만 그렇지 않습니다. 북한과 대치 상태인 우리나라도 마찬가지입니다. 여러분 전쟁이 나면 어떻게 될까요? 전통적으로 전쟁이 나면 상대편의 기간시설을 공격합니다. 댐이라든지 정유 공장이라든지 발전소 같은 주요 시설이 그 대상이지요. 에너지를 생산하는 시설이기 때문입니다. 과거와 달리 지금은 핵발전소가 있습니다. 만약 상대가 핵발전소를 공격한다, 공격당한 핵발전소가 터진다, 이러면 어떻게 되겠습니까? 지금까지 인류가 당했던 그 어떤 피해보다 규모가 클 것임은 자명한 일입니다.

우리는 이런 문제들을 잘 모르고, 생각하지도 않아요. 대부분 사람들은 지금 당장 눈에 보이는 이익만 생각합니다. 자연의 질서를 거역함으로써 발생하는 피해를 모르는 겁니다.

냉장고·에어컨의 냉매, 스프레이 같은 분무제 등으로 쓰이는 염화불화탄소(CFC)를 볼까요. 일명 프레온 가스로 불리는 이것은 1928년 미국 듀폰 사의 토머스 미즐리가 발견한 이후로 전 세계에서 선풍적인 인기를 얻었습니다. 이 가스는 직접적으로 인체에 영향을 주지 않아요. 독성이 없고 불에 타지도 않아서 당시에는 꿈의 물질로 불렸어요. 안전하다고 생각했습니다. 그런데 몇십 년이 지난 다음에 보니까 문제가 생깁니다. 공기보다도 가벼운 성질을 가진 프레온 가스가 계속 대기권으로 올라가 쌓이는 거예요. 거기서 오존층을 파괴합니다.

대기 중의 제일 위 성층권에 있는 오존은 태양으로부터 오는 자외선을 흡수합니다. 오존에는 두 가지 종류가 있어요. 자동차 배기가스 같은 데서 나오는, 대기에 가까운 오존은 강력한 산화제로 사람에게 영향을 줍니다. 노출되면 눈이 따끔따끔하고 목이 아픕니다. 그러니까 대기권 아주 높은 곳에 있는 것은 좋은 오존이고, 지상에 있는 것은 나쁜 오존이라고 쉽게 표현할 수 있어요. 그래서 학자들은 오존을 '지킬 박사와 하이드'라고 비유하기도 합니다. 어쨌든 '좋은 오존'은 대기권에서 태양으로부터 날아온 자외선을 막아 줍니다. 여러분, 자외선을 과도하게 쪼이면 피부가 상합니다. 백내장을 일으키거나 인간의 면역 체계에 영향을 주지요. 우리가 지구에서 안전하게 살아가는 데 오존층이 큰 역할을 하는 셈이에요. 그런데 프레온 가스의 염소 분자가 오존을 깨 버린다는 사실을 알게 된 겁니다. 몇십 년이 지난 다음에 오존층에 구멍이 뚫렸다는 것을 알아챘습니다. 그때부터 부랴부랴 프레온 가스의 사용을 규제하기 시작했습니다. 1970년대부터 논의가 시작되어 1987년 몬트리올 의정서를 통해 프레온 가스를 비롯한 오존층 파괴 물질의 생산과 소비를 규제했습니다. 우리나라도 2010년부터 프레온 가스의 생산 및 수입을 전면 금지했어요.

이렇게 사람들은 뒤늦게 부작용을 알게 되는 경우가 많아요. 이런 사례는 너무나 많습니다. 지금 우리가 사용하는 화학 섬유, 화학 물질, 플라스틱 같은 것들도 당시에는 아무런 문제가 없었습니다. 최근에서야 환경 호르몬이 인체에 미치는 영향에 대해 알게 된 거죠. 좋은 것은 금방 눈에 보이지만, 그 부작용은 굉장히 오랜 시간에 걸쳐서 다음 세대, 그다음 세대에까지 나타나요.

저는 핵도 마찬가지라고 생각합니다. 1945년 미국은 전쟁을 종식시킨다는 명목으로 히로시마와 나가사키에 핵폭탄을 투하했습니다. 일본은 즉각 항복했지요. 핵폭탄의 위력을 실감한 강대국들은 미국과 소련을 중심으로 핵 개발에 나섰습니다. 한편으론 핵 물질을 평화적으로 이용해 보자 해서, 플루토늄과 우라늄 같은 핵 물질로 전기를 생산하려는 경쟁을 벌였어요. 먼저 소련이 1954년에 핵발전소 개발에 성공했죠. 그다음에 미국이 개발하고 뒤이어서 일본이 그렇게 했어요.

일본에서 처음 핵발전소가 만들어졌을 당시 〈마이니치〉 신문 사설에 이렇게 났어요. "무한 에너지를 개발했다! 그래서 앞으로는 전기 요금이 2000분의 1로 떨어진다"라고요. 사람들은 실제로 그렇게 되리라고 믿었습니다. 그래서 너도나도 핵연료로 전기를 생산하기 시작했던 겁니다.

핵무기·핵발전의 뿌리는 하나

여러분, 핵폭탄의 원리를 아십니까? 고도로 농축한 우라늄을 순간적으로 핵분열 시키는 거예요. 이때 알파, 베타, 감마선 등 방사선과 함께 엄청난 열이 발생합니다. 그걸로 인명과 시설을 파괴하는 거예요. 핵발전의 원리도 기본적으로 같습니다. 핵분열 시 발생하는 열에너지를 이용하는 겁니다. 핵폭탄처럼 갑자기 터뜨리는 게 아니라 속도와 강도를 조절하는 거예요.

핵발전 시설 안에 3~6퍼센트로 농도를 낮춘 우라늄이 들어 있어요. 술로 비유하면 도수가 상대적으로 낮은 맥주쯤 되겠죠. 이것을 핵분열 시키는데,

한 번에 하면 핵폭탄처럼 터지니까, 감속재(moderator)를 넣어서 속도를 조절합니다. 이때 발생하는 열에너지로 물을 끓여서 터빈을 돌리고 전기를 만듭니다. 이 과정에 엄청난 양의 물이 들어갑니다. 증기를 만들고 뜨거워진 원자로를 식히는 데도 물이 쓰여요. 보통 100만 킬로와트(kw) 급이면 초당 약 70톤이 필요합니다. 특히 냉각에 사용된 물은 약 7도 정도 온도가 높아진 상태로 하천이나 바다로 방출하는데 이를 온배수(溫排水)라고 합니다.

여러분이 잘 알다시피 우리나라 핵발전소는 전부 다 바닷가에 있어요. 영광, 고리, 울진, 월성 등이 바다에 인접한 이유는 내륙에는 그 엄청난 양의 물을 댈 수 있는 데가 없기 때문입니다. 그런데 이 과정에서 상당한 에너지 손실이 발생합니다. 핵발전에서 100만큼의 에너지가 생겼다면 이 중 3분의 1이 전기가 되고, 3분의 2는 온배수 형태로 빠져나가는 겁니다.

핵연료는 분필 모양처럼 만들어져 고온 처리된 펠릿(pellet)이라고 하는데요. 이걸 특수 합금으로 만든 가느다란 튜브에 차곡차곡 집어넣으면 핵발전소의 연료봉이 되는 겁니다. 연료봉에 장착된 핵연료가 분열하면서 에너지가 발생합니다. 1년 이상이 지나면 새로 교체하는데 기왕에 사용한 연료봉은 폐기해야 합니다. 그런데 이 작업이 쉽지가 않아요. 사용된 핵연료는 무척 뜨겁기 때문에 식혀야 합니다. 핵발전소 안에 큰 풀장을 만들어서 거기에 집어넣어요. 빨리 식으라고 열을 잡아먹는 붕산을 물에 풀어 넣습니다. 그런데 여러분, 이 폐연료봉이 완전히 식기까지는 얼마나 걸릴 거 같아요? (청중: "삼일, 열흘, 한 달……")

한 20~30년은 걸립니다. 최소 20년 동안 계속 열이 나는 거예요. 문제는 여기서 열만 나오는 것이 아니라 방사성 물질이 나온다는 겁니다. 여기서 우리가 주목해야 할 것은 바로 이 폐기물이 핵무기로 둔갑할 수 있다는 점입니다.

핵분열 과정에서 만들어지는 플루토늄239라는 물질은 굉장히 독성이 강하고 위험해요. 단 1그램만으로 5만 명을 폐암에 걸리게 할 수 있는 물질이에요. 게다가 반감기[2]도 엄청나서 무려 2만 4000년이 걸립니다. 이론상으로는 100만 년 정도 지나야 그 독성이 청산가리 수준으로 줄어든다고 합니다. 나라마다 핵폐기물을 어떻게 처리할 것이냐가 큰 골칫거리인 이유도 여기에 있습니다. 그래서 한편에서는 고속증식로를 개발해서 사용하자는 얘기가 나옵니다. 이 원자로는 천연 우라늄을 농축하지 않고 그대로 쓸 수 있어 효율이 기존 방식보다 60배 이상 높습니다. 더 적은 연료로 더 오래 더 많은 전기를 발생시킬 수 있다는 얘기입니다. 그래서 어떤 이들은 이를 '꿈의 원자로'라고 부릅니다.

반론도 만만치 않습니다. 문제는 이러한 고속증식로는 너무 효율이 좋기 때문에 엄청난 열이 발생하는데 이걸 물로는 식힐 수가 없다는 겁니다. 또한 많은 양의 플루토늄이 만들어지기 때문에 그만큼 폭발 위험성이 큽니다. 철저하게 관리하지 않으면 큰 재앙을 낳을 수 있어요. 안정성의 문제가 여전히 남습니다. 게다가 고속증식로 한 개 만드는 데에 우리 돈으로 10~30조 원이라는 막대한 자금이 들어요. 이런 이유로 미국, 프랑스 등은 상용화를 사실상 포기했습니다. 일본도 잦은 사고와 고장, 비용 증가로 난관에 봉착해 있는 상황이고요.

결국 핵의 위험으로부터 우리를 지키기 위한 방법은 무엇입니까? 더는 핵발전소를 짓지 않는 것, 기왕의 핵발전소를 하나둘 없애나가는 것, 핵폐기

---

2) 반감기. 어떤 양이 초기 값의 절반이 되는 데 걸리는 시간. 방사능에서는 방사성 물질이 원자핵 절반이 붕괴하여 감소하는 데 걸리는 시간을 말한다.

물을 안전하게 보관하는 것입니다.

앞서 말씀드렸듯이 핵무기와 핵발전의 원리는 같습니다. 2차 대전 종료 직전 일본에 투하한 두 개의 핵폭탄 중 히로시마에 투하된 것은 고도로 농축한 우라늄235였고, 나가사키에 떨어뜨린 핵폭탄은 플루토늄239라는 물질로 만들어졌습니다. 플루토늄239는 핵발전에 사용하고 남은 핵연료에서 0.6퍼센트 정도 나와요. 그것만 따로 농축하면 핵무기가 되는 겁니다. 북한도 원자로에서 플루토늄239를 뽑아내서 핵무기를 만든 경우입니다. 결국 핵발전소에서 나오는 사용 후 핵연료에서 재처리 과정을 통해 플루토늄239만 따로 뽑아내면 이것으로 핵무기를 만들 수 있는 겁니다.

쉽게 말씀드리면 핵이라는 하나의 뿌리에서 핵발전소와 핵무기라는 두 개의 가지가 뻗어 나오는 것이에요. 여러 나라에서 아직도 핵발전을 포기하지 않는 또 다른 이유입니다.

수십만 년이 지나야 사라지는 핵폐기물

핵발전소가 건설되기 시작한 것은 1950년대입니다. 1954년 구소련에서 세계 최초로 핵발전소를 세웠지요. 그 후로 미국, 유럽, 일본 등지에서 유행처럼 번져 나갔습니다. 우리나라에서는 1970년 9월에 착공하여 1978년 4월에 운전을 개시한 고리 1호기를 시작으로 현재 23기의 핵발전소가 있습니다. 그러면 현재 전 세계에 핵발전소가 몇 개나 있을까요? 생각보다 많지 않습니다. 2012년 현재 가동 중인 것이 442개예요.

30년 전에는 어땠을까요? 그때는 지금보다 훨씬 적었겠죠? 그렇게 생각하기 쉽습니다만 아닙니다. 30년 전엔 427개였어요. 지금하고 차이가 거의 없죠? 그런데도 우리나라 사람들은 핵발전소가 계속해서 늘어나고 있다고 생각하는 경향이 있습니다. 사실은 그렇지 않은데 말이죠.

핵발전소의 수명은 보통 30~40년이에요. 초창기에 만들어진 발전소는 수명이 다 되었겠죠? 세계적으로 수명이 다 돼서 폐로가 된 핵발전소가 100개가 넘습니다. 그런데 이걸 완전히 처리한 것이 두 개밖에 없어요. 왜냐하면, 건설하는 비용보다 다 쓴 원자로를 처리하는 비용이 더 들기 때문이에요. 예를 들어서 30억 달러 들여서 핵발전소 하나를 지었다고 하면, 30~40년 후 수명이 다 되어서 이걸 폐기하고 그 땅을 원래대로 해 놓는 데 드는 비용이 훨씬 크다는 거예요. 그래서 수명 끝난 100개가 넘는 폐로 중에 두 개를 제외한 나머지는 지금 방치되고 있습니다.

핵폐기물 처리에는 큰 비용이 듭니다. 타고 남은 핵연료를 고준위 핵폐기물이라고 합니다. 이걸 어떻게든 해야 하잖아요? 대부분은 그냥 원자로 건물에 있는 습식 저장소라는 곳에서 열을 식힙니다. 그런데 이걸 계속 담가둘 수는 없잖아요. 후쿠시마 핵발전소 사태 때도 여기에 문제가 생겨서 안정성에 대한 논란이 있었고요. 뭔가 장기적이고 안정적인 처리 방안이 필요한 겁니다. 땅속 깊이 묻는 것도 하나의 방법이겠죠. 실제로 10여 개의 나라에서 심지층 처분장(deep disposal)을 계획하고 있습니다. 하지만 2030년 이전에 실제로 이 처분장을 운영할 수 있는 나라는 거의 없습니다.

스웨덴과 핀란드가 유일해요. 핀란드는 2020년 처분장을 운영할 계획을 갖고 있습니다. 그런데 핀란드는 고작 핵발전소가 2개인 나라예요. 우리나라의 10분의 1 수준입니다. 그런데도 핵폐기물 처리에서 제일 먼저 발 벗고 나선 겁니다.

핀란드는 아시다시피 민주주의가 발달한 나라입니다. 문제를 해결하고자 많은 사람들이 서로 의견을 나눕니다. 핵폐기물을 어떻게 처리할 것인가를 두고 토론을 하는데 그 과정을 영화화한 것이 바로 〈핵의 봉인〉이라는 영화입니다. 그 내용을 잠깐 소개하면서 이야기를 계속해 보겠습니다.

핀란드의 핵발전소를 추진했던 사람들이 폐기물 문제를 해결하기 위해 모입니다. 그러곤 땅속 깊이 묻기로 하죠. 지하 500미터 아래에 핵폐기물을 격리하는 저장소를 만들고자 합니다. 여러분, 그런 저장소를 만드는 데 시간이 얼마 정도 걸릴 것 같습니까? 1년? 10년? 무려 100년이 넘게 걸린대요. 지금 시작해도 100년 후에나 완공될까 말까 한 시설을 짓기 위해 사람들이 토론을 하는 거예요. 핵폐기물은 10만 년 이상 안전하게 격리해야 합니다. 1000년도 아니고 10만 년이에요. 까마득한 미래의 일이죠. 여기서 문제가 생깁니다. 저장소에 위험한 물질이 있다는 사실을 후대에 어떻게 알릴지 논의합니다. 지금 쓰는 글자를 10만 년 후의 인류가 알아볼 수 있을지, 아니라면 어떤 수단으로 표시해야 할지 이야기합니다. 누군가 그림으로 표시하자고 합니다. 그러다가 또 한 사람이 굳이 알릴 필요가 있느냐고 해요. 알리면 호기심만 자극할 거 아니냐고 말입니다. 모른 체 넘어가는 게 가장 좋겠다는 의견도 나옵니다. 그리고 또 다른 의견, 또 다른 의견……. 이런 내용으로 영화가 진행됩니다. 핵폐기물이 그만큼 오랜 시간을 두고 진지하게 고민해야 할 문제라는 거예요.

인간의 수명은 길어야 100년밖에 안 됩니다. 핵발전소의 수명은 40년 안팎이에요. 핵폐기물은 10만 년을 계속 갑니다. 한 세대를 30년으로 볼 때 3000세대의 후손에게 영향을 미친다는 얘기예요. 약 40년 동안 전기를 공급받기 위해서 그 위험한 물질을 수천 세대에 걸쳐 남겨 주는 것이 과연 바람직한지 생각해 보아야 합니다. 이건 단순히 과학 기술의 문제가 아니라 윤리의 문제입니다.

독일에서는 일본 후쿠시마 핵사고가 난 다음 자국의 핵발전소 문제를 처리하기 위해 윤리위원회를 열었어요. 논의 과정을 국민들이 TV로 지켜봅니다. 스무 시간이 넘는 토론을 거쳐 핵발전의 완전한 중단을 당국에 권고하기로 합니다. 결국 총리가 그해 5월 모든 핵발전소를 2022년까지 폐쇄하겠다는 '탈핵 선언'을 해요. 보수 정당인 독일 기민당의 앙겔라 메르켈 총리는 원래 동독 물리학자 출신이에요. 핵발전을 적극적으로 찬성하던 사람이었죠. 그럼에도 핵에 반대하는 국민 여론이 들끓자 핵발전소를 폐기하기로 결정한 거예요. 국민의 생각이 바뀌면 정치가 바뀝니다.

앞서 우리나라 국민 중에 '핵, 터져 봐야 죽기밖에 더 하느냐'고 생각하는 분이 있다고 했죠? 정치인들이 핵발전소를 추진하는 배경입니다. 제가 여러분에게 드리고 싶은 첫 번째 말씀은, 몇몇 사람들이 아무리 정치인들에게 핵이 나쁘다, 문제가 된다, 얘기해도 소용없다는 겁니다. 대다수 국민의 생각이 바뀌어야 해요. 정치인들은 결국 표 있는 데로 가니까요. 핵발전소를 지으면 지지를 철회하겠다는데 이를 무릅쓰고 강행할 정치인은 없습니다.

핵발전은 정말 안전한가?

2004년 강원도에서 큰 산불이 났었던 거 기억하시죠? 고성에서 시작한 산불이 울진까지 내려갔습니다. 그때 제가 산림청장과 헬기를 타고 두 시간을 돌아봤어요. 현장을 똑똑히 눈으로 볼 수 있었습니다. 그런데 산에 소나무가 많아요. 소나무 송진에 불이 붙으면 불꽃이 탁 튀어서 다른 나무로 옮겨 갑니다. 불이 잘 안 붙는 활엽수를 건너뛰어서 건너편 다른 소나무로 옮겨 붙는 거예요. 그런데 가다 보니 멀리 울진 핵발전소 돔이 보입니다. 근처까지 산불이 온 거예요. 설마 했습니다. 물론 발전소까지 불이 번지지는 않았지만 만에 하나 그런 일이 생긴다면 그 결과는 끔찍하리라는 생각을 그때 했습니다. 앞서 말씀드렸듯이 우리나라에는 그런 핵발전소가 23개나 있습니다.

저는 핵의 위험성을 과장하자는 게 아닙니다. 사실 그대로 알고 있어야 올바른 대처가 가능하다는 얘기예요. 충분한 토론이 필요합니다. 대부분이 핵에 대해 잘 모른다고 생각합니다. 일방적인 홍보의 결과이지요. 우리는 오랫동안 핵이 공해가 없고, 안전하고, 경제적이라고 배워 왔어요. 이산화탄소 배출 문제가 없기에 최근에 불거진 기후 변화 문제를 해결하는 데 도움이 된다고도 주장합니다. 그런 논리로 핵발전에 찬성하는 사람 중엔 전문가도 적지 않아요. 그들은 계속해서 이론을 계발하고 좋은 면만 강조하면서 핵발전의 위험을 숨깁니다. 교과서부터 신문, 광고, 드라마에까지 각종 매체를 동원해서 포장하죠. 그런데 반대하는 사람은 그럴 수가 없잖아요. 그러니 대다수 국민이 균형 잡힌 시각을 가지기가 어렵습니다. 요즘에야 바로 옆 일본에서 사고가 났기에 관심이 늘었지만 예전에는 어디서 핵 사고가 났다고 해도 그런 일이 있었나 하는 식이었습니다.

전 세계적으로 핵발전소의 위험성을 각인시킨 계기가 있습니다. 바로 1986년 체르노빌 핵 사고였죠. 특히 지리적으로 가까운 유럽인들에게 큰 충격으로 다가왔습니다. 하지만 그때도 우리나라와 일본 정부의 반응은 냉소적이었습니다. 당시 러시아는 소련이라는 적성(敵性) 국가였잖아요. "사회주의 체제의 낙후된 기술 때문에 사고가 났다. 게다가 우리하고는 발전 방식도 다르다." 이렇게 얘기했어요. 아직 정신을 못 차리고 있었던 거죠.

　그러던 중에 이번에 일본에서 사고가 터진 거예요. 쓰나미가 오자마자 1분 만에 핵발전소가 물에 잠기면서 작동이 멈춥니다. 냉각 시스템이 제대로 작동하지 않자 굉장히 짧은 시간에 2500도 이상 원자로의 온도가 올라갑니다. 그러다 결국 녹아내려 폭발한 거잖아요. 원자로가 하나, 둘, 세 개째 터지고, 이어서 사용 후 핵연료를 보관해 놓은 4호기도 냉각수가 못 들어가는 바람에 터진 거예요. 1, 2, 3호기는 원자로가 터지고, 4호기는 사용 후 핵연료의 냉각수가 다 증발해서 터졌어요. 궁여지책으로 바닷물을 들이부었습니다. 해수는 염분이 높아서 냉각 역할을 제대로 못 해요. 현재 4호기 안의 온도가 약 80도 정도 됩니다. 여전히 위험한 상태인 거예요. 게다가 사용 후 핵연료에서는 플루토늄은 물론 세슘, 크립톤, 아이오딘 같은 방사성 물질들이 나옵니다. 냉각수로 쓰인 바닷물이 오염되죠. 현재 남아 있는 오염수로 확인된 것만 약 10만 톤가량입니다. 바다로 빠져나간 양은 이보다 훨씬 많다고 하죠.

　이 사고로 핵발전이 안전하다는 신화를 믿는 사람은 줄어들었습니다. 하지만 찬성론자들은 여전히 사고 확률이 다른 발전소에 비해 낮다고 주장합니다. 체르노빌이나 후쿠시마 같은 경우는 극히 예외적이라는 거예요. 정말 그럴까요?

　현재 지구 상에 운행되고 있는 핵발전소는 440여 개인데 그중에 체르노빌에서 1개, 후쿠시마에서 4개가 터졌습니다. 수치로 보면 100분의 1 정도의 확률이에요. 얼핏 낮은 수치로 보입니다. 하지만 이건 안전에 관계된 문제예요. 비행기를 타야 하는데 사고 확률이 100분의 1이다. 그러면 사람들이 그 비행기를 타겠습니까, 안 타겠습니까? 안전에 관한 한 확률은 아무런 의미가 없습니다. 단 0.000001퍼센트의 확률이라도 그것이 돌이킬 수 없는 전 지구적인 재앙과 관련 있다면 결코 허용되어서는 안 되는 것입니다.

오염된 분유는 왜 한국으로 왔나

1986년 체르노빌 핵발전소에서 사고가 난 지 3년이 지난 후 1989년에 일본에서 원수폭(原水爆)금지 세계대회가 있었어요. 그때 폴란드에서 온 산부인과 의사 두 명이 체르노빌 사고로 폴란드가 얼마나 큰 피해를 입었는가에 대해 사례 발표를 했어요.

핵발전소 폭발로 죽음의 재인 방사능 물질이 사방으로 퍼졌는데, 많은 피해를 입은 나라 중 하나가 폴란드예요. 정부에서 오염 지역에 사는 사람들에게 그 지역 농산물은 물론 물조차 먹지 말라고 했습니다. 그런데 밥 안 먹고 어떻게 삽니까. 물 안 마시고 살 수 있나요? 배고파서 먹고 목말라서 먹고 어쩔 수 없었답니다.

임신한 여성들은 정부에 묻습니다. 애를 가졌는데, 이제 어떻게 되느냐고 말이지요. 그랬더니 당국에서 말하길 기형아 가능성이 있다고 대답합니다. 단정적으로 말하진 않지만 그럴 수도 있다는 얘깁니다. 그때부터 폴란드 사람들이 낙태를 하기 시작해요. 사고 이전까지만 해도 해마다 아기가 70만 명쯤 태어났대요. 그런데 체르노빌 핵 사고가 난 이듬해 1년 동안에는 50만 명이 태어납니다. 대략 20만 명의 귀중한 생명이 원하지 않는 죽음을 맞이했다는 얘기를 그 산부인과 의사들이 합니다.

체르노빌 핵발전소 사고는 소련 시절 우크라이나와 국경을 맞대고 있는 유럽인들에게 여러모로 충격파를 던집니다. 유럽엔 잘사는 나라가 많죠. 그런 나라의 중산층들은 안정성을 중요하게 여깁니다. 별 탈 없이 편안하게 가정을 꾸리고 가끔 사회봉사를 하면서 살아가는 걸 미덕으로 여기죠. 그런데 그 꿈이 깨진 겁니다. 나 혼자만, 우리나라만 잘해서는 안전하고 평화롭게 살 수가 없다는 사실을 알게 되죠. 그렇잖아요. 날아오는 방사능 물질을 어떻게 막습니까. 소련에서 터진 핵 사고 때문에 이웃 나라의 임산부들이 낙태를 하게 될 줄 꿈에라도 생각했겠어요. 그제야 깨닫습니다. 내 가정 안에 머물러서 행복을 추구하는 것은 더 이상 불가능하다. 이웃 나라, 지구 전체에 관심을 가지고 감시하고 안전을 도모하는 운동이 필요하다는 생각이 널리 퍼집니다.

체르노빌 사고가 난 다음 독일에 갔는데, 사람들이 7세 미만의 어린이는 우유를 먹지 말라고 해요. 어린이들은 신진대사가 활발하니까 암이라든지 다른 질병에도 훨씬 더 영향을 받는다고 말이죠. 참고로 독일은 우크라이나와 접경 지역도 아닙니다. 사고가 난 체르노빌과는 1000킬로미터 이상 떨어져 있어요. 하지만 얼마 후 독일 바이에른 지역의 우유가 방사능에 오염된 것으로 밝혀지자 독일 사람들이 소위 '멘붕'에 빠진 겁니다.

방사능 물질에는 자연적인 것과 인공적인 것이 있어요. 지금도 우리는 아주 미세하지만 자연 방사능 물질에 노출되어 있습니다. 생명에 지장이 없을 만큼요. 다행히도 자연 방사능 물질은 농축이 안 됩니다. 하지만 인공 방사능 물질은 달라요. 먹이사슬을 통해서 쌓입니다. 그러니 방사능에 오염된 풀을 먹고 자란 소의 우유도 마찬가지라는 겁니다.

자, 그러면 여덟 살짜리는 그 우유를 먹어도 좋습니까? 아니죠. 어른들도 위험하긴 마찬가지입니다. 아무도 우유를 사 먹지 않습니다. 그래서 체르노빌 핵발전소 사고 후 우유가 남아돕니다. 팔리지 않는 우유가 창고에서 썩어 갑니다. 업자들이 이걸 빨리 처리하려고 강에 버리려고 했어요. 그랬더니 환경 단체에서 강이 오염된다고 못 버리게 합니다. 그러자 업자들이 그 우유를 탈지분유로 만들어서 땅에 묻으려고 합니다. 이번엔 토양이 오염된다고 반대합니다. 업자들 입장에서는 이러지도 저러지도 못하게 된 셈이죠. 그렇게 시간이 지나고 환경 단체에서 탈지분유를 어떻게 처리했는지 확인하러 갔더니, 웬걸요. 다 사라진 겁니다.

어떻게 된 일일까요? 믿기지 않겠지만 당시 만들어진 탈지분유 대부분이 우리나라로 들어옵니다. 한국의 업자들이 그걸 받아다가 유제품을 만들어서 팔아요. 당시 우리나라는 분유는 물론 모든 수입 식품에 대해 방사능 규제 기준치조차 없던 상황이에요. 독일에서는 오염시킨다고 버리지도 못하게 한 방사능 우유를 우리가 돈 내고 사 먹은 겁니다.

한 가지 예를 더 들어 보겠습니다. 예전에 스웨덴의 녹색당 국회의원을 만났던 적이 있어요. 그 의원이 저보고 하는 말이, 당신 나라 사람들은 사슴뿔을 좋아하느냐고 묻더라고요. 사슴뿔이면 약재로 쓰이는 녹용이잖아요. 그래서 제가 좋아한다고 그랬죠. 그런데 그 의원이 이렇게 말해요. 체르노빌 핵 사고 시 발생한 방사능 물질이 북풍을 타고 스웨덴에 갔답니다. 당연히 동식물도 오염됐겠지요. 그중에는 스웨덴 순록도 있었습니다. 여러 가지 검사를 해 봤더니 방사능 기준치가 넘는 놈이 있어서 사살해서 폐기 처리를 해야 했대요. 그런데 죽은 순록들을 살펴봤더니 뿔만 없어진 거예요. 조사해 보니 다 한국으로 갔다는 겁니다.

지금 우리나라 사람들 암 발생률이 몇 퍼센트인지 아세요? 평균 36퍼센트입니다. 남성은 40퍼센트, 여성은 약 32퍼센트예요. 어마어마한 수치죠. 100

명 중의 36명이 암에 걸려요. 제가 공해문제연구소를 설립했던 1982년 당시에 우리나라 사람들 암 발생률이 13퍼센트였어요. 그때부터 해마다 계속 늘어납니다.

방사능이 암 발생률과 상관관계에 있다는 것은 과학적 사실입니다. 하지만 저는 이 자리에서 체르노빌 핵발전소 사고가 우리나라 암 발생률의 상승과 직접적인 관계에 있다고 주장하려는 게 아니에요. 여기에는 식생활의 변화, 발암물질의 확산 등 여러 요인이 작용했을 겁니다. 다만 제가 드리고 싶은 말씀은 핵 사고가 그저 남의 나라 일이라고 치부할 게 아니라는 거예요. 어느 나라의 핵이든 우리에게 분명한 영향을 미칩니다.

근대화의 상징이었던 원자력

우리는 그동안 핵에 대해 잘 몰랐습니다. 올바른 정보도 없이 그저 좋다는 식으로만 알아 왔어요. 1978년 우리나라에서 최초로 핵발전소가 지어졌을 때 영광, 고리 핵발전소 인근의 지역 주민들은 북 치고 꽹과리 치고 너무너무 좋아했어요. 우리도 잘살게 되었다고 하면서 말이에요. '원자력'이라는 이름은 근대화를 상징하는 긍정적인 이미지였습니다. 이 지역에 들어선 교회 이름은 '원자력교회'였습니다. 그 옆에 '원자력정육점'이 들어서요. 이뿐만이 아닙니다. 발전소에서 일하는 직원들이 살 아파트 이름은 '핵광아파트'였어요. 핵에 대한 우리의 인식이 그 정도였습니다.

우리나라에 처음 핵발전소를 지을 때는 미국의 시설과 기술이 들어왔어요. 그다음에는 캔두(CANDU)형이라고 하는 캐나다 원전이 왔고, 다음에 프랑스 프라마톰 사의 원전이 들어왔습니다. 이렇게 월성, 고리, 울진, 영광의 핵발전소 시설은 그 국적이 다 다릅니다. 섞어찌개가 된 거예요. 당시 세계 핵기술의 시험장이라고 해도 과언이 아닐 정도였습니다. 제가 핵에 대해 관심을 가지게 된 것은 1983년입니다. 그해에 미국 〈멀티내셔널 모니터〉라는 잡지의 편집장이 와서 하는 말이 한국은 핵발전소 판매의 천국이라는 거예요. 박정희에서 전두환으로 정권이 이어지면서 핵발전소 건설이 한창 진행되던 시절이었습니다. 경제 논리로 핵발전소 건립에 박차를 가하던 시절이었습니다.

외국도 마찬가지예요. 핵발전의 심각성을 깨닫게 된 데는 다들 나름의 계기가 있습니다. 제가 고르바초프 전 대통령을 네 번 만났습니다. 처음 만났을 때 소련을 개혁 개방하게 된 이유를 물었어요. 그랬더니 그분이 체르노빌 사고 때문이라고 말해요. 사고가 있던 날 밤에 긴급 전화가 오더랍니다. 핵발전소에 큰 사고가 났는데, 알고 계시라고, 별일 아니니 그냥 주무시라고요. 그래서 그냥 잤다는 거예요. 아침에 일어나니 어마어마하게 큰 사건이 터진 겁니다. 어떻게 이런 일이 생길 수 있나 생각해 보니 폐쇄주의, 비밀주의가 문제인 거예요. 핵발전소는 공해가 없고, 싸고, 안전하다고 말해 놓고는 막상 사고가 나자 일체 비밀로 하고 수습에 들어간 거예요.

소련에서는 현장에 군인들을 투입했습니다. 민간인들은 통제하기 어려우니 군인을 보낸 거죠. 이때 투입된 수천 명의 군인이 희생됐습니다. 그 와중에 사고 지역에서 생산한 소고기, 돼지고기가 은밀하게 유통됩니다. 이를 지켜본 고르바초프는 소련 사회의 시스템을 바꿔야 한다고 생각한 거예요. 그러고는 그 유명한 페레스트로이카(개혁 개방) 정책을 시행합니다. 고르바초프가 제게 직접 한 이야깁니다. 저는 가능하면 제가 직접 들은 것만 얘기합니

다. 거짓말하는 사람들이 하도 많아서 말이죠. (웃음)

미국의 부통령인 앨 고어를 만나 핵발전소 얘기를 한 적이 있습니다. 당신은 핵발전에 찬성하느냐 반대하느냐 물었어요. 자기는 반대라고 합니다. 이유를 아주 설득력 있게 제시하는데 그의 논리는 이렇습니다.

현재 핵발전소가 있는 나라가 세계에 스물여덟 나라밖에 없다. 앞으로 전 세계로 확산될 것이다. 그런데 만약 독재 정부, 군사적인 변란이 많이 일어나는 나라에 핵발전소가 들어서면 어떤 문제가 생기겠느냐. 핵물질이 위험한 집단의 손에 들어갈 수 있다. 만일 중동, 아프리카, 남미 같은 곳까지 핵발전소가 확대되면, 정변이 났을 때 핵물질을 탈취해서 그걸로 핵무기를 만들 수도 있다. 휴대할 수 있는 전술 핵무기를 만들어 사용한다면 세계는 걷잡을 수 없는 혼란에 빠진다. 뉴욕 맨해튼 같은 대도시 한복판에서 이게 터진다고 생각해 보라. 국제 정치적 측면에서도 핵발전은 아주 위험하다고 그는 말했습니다.

미국이 핵발전소를 안 짓는 이유

핵발전이 절대 안전하다는 생각에 작은 변화가 생기셨나요? 그럼 다음으로 핵발전은 경제적이라는 신화를 파헤쳐 보도록 하죠.

우선 핵발전소의 경제성을 따질 때 핵폐기물 처리 비용을 간과합니다. 수명을 다했을 때 원상태로 돌려놓는 데 필요한 비용도 포함되어 있지 않아요. 오로지 전기 1킬로와트 생산하는 데에 얼마, 그것만 계산합니다. 그러니까 싸게 보이는 거죠. 진짜 경제성을 따지려면 좀 더 꼼꼼히 살펴보아야 합니다.

시장 가격으로 평가해 볼까요? 예컨대 핵발전소와 석탄, 석유, 가스, 이런 원료를 사용한 발전 시설을 똑같이 10억 달러에 지었다고 칩시다. 발전소를 짓고 나면 시장에서 그 시설의 가격이 형성되겠죠? 석탄을 이용한 화력발전소는 얼마, 가스를 이용한 발전소는 얼마, 이렇게요. 우리가 보통 집을 한 채 사도 지역이나 주택 종류에 따라 가격이 다르잖아요. 예를 들어 서울 중심가에 있는 아파트는 수십억 원이지만 시골에 있는 창고는 아주 쌉니다.

발전 시설 중에서 자산 가치가 가장 높은 게 뭘까요? 핵발전 찬성론자들에 따르면 당연히 핵발전소여야 하겠지요. 왜냐하면 가장 싸고 안전한 발전소니까요. 그런데 미국의 경우 핵발전소의 자산 가치는 다른 시설에 비해 형편없이 낮습니다. 제일 비싸게 매겨지는 것이 가스 시설입니다. 핵 시설보다 열 배는 비싸요. 그러니 핵발전소를 짓겠어요? 참고로 미국에서 핵발전소는 모두 민간회사에서 짓습니다. 미국은 세계에서 가장 자본주의가 발달한 나라예요. 어떤 회사도 투입 대비 산출이 낮은 사업은 안 합니다.

미국 뉴욕 주에서 1986년에 쇼어햄 핵발전소 하나를 당시 69억 달러 들여서 만들었어요. 그때 69억 달러면 지금 100억 달러보다 큰 액수입니다. 그런데 이것을 주민들이 반대해서 가동도 못 하고 팔았어요. 그때 판매 가격이 얼마였는지 아세요. 고작 1달러였습니다. 찬성론자들 말처럼 원자력이 그토록 경제적이라면 왜 이런 일이 생길까요? 핵발전이 결코 경제적이지 않기 때문입니다.

게다가 핵발전소는 이제 혐오 시설이 되었습니다. 찬성론자들도 자기가 사는 동네에 핵발전소가 들어오는 건 반대할 정도로 말이죠. 그래서 점점 사람이 적게 사는 지역으로 갑니다. 우리나라의 경우 핵폐기물 처리장도 처음에 어디에다 만들었습니까? 1990년 노태우 정부 때 안면도에다 설치하려고 했잖아요. 그래서 인구 3만 명의 안면도 주민 전체가 들고일어나서 싸웠습니다. 결국 백지화됐죠. 당시 과기처 장관이 해임됐을 정도입니다. 그다음 예정지는 서해의 작은 섬 굴업도가 됩니다. 거기서도 강력한 반대에 부딪히니까 이번엔 부안으로 가요. 또다시 주민들이 거세게 항의합니다. 도저히 안 되니까 정부에서 돈을 주겠다고 꼬드깁니다. 공모 방식으로 바꾼 거예요. 결국 2005년 경주시에서 핵폐기물 처리장을 유치합니다. 경주에 들어설 핵폐기물처리장은 중저준위 폐기물을 대상으로 합니다. 드럼통에 중저준위 폐기물을 넣고 시멘트를 부어서 300년 정도 밀봉 폐기 처리를 하게 되지요.

그런데 건설을 하다 보니 핵폐기장이 들어설 지역에 지하수가 너무 많이 나오는 거예요. 그래서 완공이 3년인가 늦춰졌었는데, 이번에 또 3년을 연장했어요. 물론 비용은 비용대로 들어갑니다. 지금은 돈 먹는 하마가 되어 버렸어요.

이 모든 게 핵발전소 건설 비용에 포함되어야 마땅합니다. 결국은 국민 모두가 부담하는 세금으로 진행되는 일이잖아요.

"생명을 중시하면 이익을 가볍게 여긴다"

이제 결론 삼아 한 말씀 드릴게요. 제가 옥중에서 읽었던 『장자』에 "생명을 중시하면 이익을 가볍게 여긴다"라는 말이 나옵니다. 그런데 현실은 어떤가요? 정반대죠. 이익이 우선하고 생명을 가벼이 여깁니다. 생명의 원천은 뭐예요? 바로 환경이잖아요. 환경은 인류가 살아가기 위한 최소한의 조건입니다. 이걸 부정하면 사람이 살 수가 없어요.

"교통사고로 하루에 죽어가는 사람이 한둘이 아니다. 그래도 다들 자동차 타고 다니지 않느냐. 조심하면 된다. 핵발전소는 더구나 사고 확률이 교통사고보다 훨씬 적은데 무어 그리 걱정이냐……." 지금도 여전히 이렇게 말하는 사람들이 있습니다.

반복해서 말씀드리지만, 핵발전소는 피해 규모가 다릅니다. 범위도 넓지만 그 영향은 당대를 넘어 수천 세대에 이어집니다. 여기서 확률은 의미가 없어요. 게다가 교통사고는 내가 조심하면 사고를 줄일 수 있지만 핵 사고는 내 의지와는 상관없이 발생합니다. 핵발전소를 내가 짓고 싶다고 짓는 게 아니잖아요. 국가가 일방적으로 추진하는 겁니다. 우리가 아무리 안전에 힘쓴다 해도 자연재해로 인한 사고와 이웃 나라에서 터지는 사고를 막을 길은 없어요.

핵발전은 안전하지 않습니다. 찬성론자들이 사람들로 하여금 그렇게 믿게 하고 싶을 뿐이에요. 만일 핵발전소가 그렇게 안전하다면 국회가 있는 여의도에 만들면 되잖아요. 청와대 안에 핵폐기물 처리 시설을 만들면 되고요. 하지만 그렇게 안 합니다. 그들도 위험하다는 사실을 잘 알고 있으니까요. 그래서 전기를 많이 쓰는 지역은 서울이나 도쿄 같은 대도시인데 피해는 대개 시골에 사는 사람들이 봅니다. 정치적으로 목소리가 작은 사람들에게 떠넘기는 거예요.

후쿠시마 사람들도 40년 전쯤 핵발전소가 처음 들어올 때 반대했대요. 불안하잖아요. 원폭을 지켜본 일본 사람들이 핵에 대한 공포가 그 어느 나라보다 강할 수밖에 없고요. 그랬더니 핵발전을 추진하던 사람들 쪽에서 아무 것도 모르면서 왜 반대를 하느냐고 하더랍니다. 예전과 달리 과학 기술이 발달했으니 염려하지 않아도 된다, 불안을 조장하는 것들은 뭘 모르고 그러는 거다, 하고 말이죠. 그러다 결국은 사고가 터진 거잖아요.

후쿠시마는 이제 되돌아갈 수 없습니다. 아름다운 자연환경은 방사능에 오염되었고, 거기서 자란 채소와 가축들이 도축되고 폐기 처리됐어요. 주민 모두가 뿔뿔이 흩어졌습니다. 개인의 삶은 물론 가족과 마을 공동체 모두가 파괴되었어요. 같은 일본인끼리도 후쿠시마 출신하고 결혼하면 안 된다며 따돌립니다. 그런 말을 들은 후쿠시마 사람들은 억울하죠. 우리가 희생한 덕에 도쿄 같은 대도시에서 넉넉하게 전기를 쓴 건데 사고가 나니 모두 외면하는 꼴이니까요. 결국은 피해만 고스란히 떠안게 되었다는 생각에 괴로워서 자살한 사람도 있어요.

핵발전의 문제를 돈, 즉 경제적 효율성이 아닌 인간의 도리, 인류 공동체의 생존과 연결된 문제로 생각할 수 있기를 바라며 이야기 마치겠습니다.

핵발전소, 어떻게 할 것인가

질문: 지금 전 세계에서 가동되고 있는 핵발전소들이 400개가 넘는다고 하셨는데요. 앞으로 이를 어떻게 해야 합니까?

답변: 핵발전에 반대한다고 하면 많은 사람들이 이렇게 말합니다. "핵발전소 다 중단시키면 전기는 어디서 구하나? 촛불 켜고 사냐? 원시 시대로 돌아가?" 현대 사회에서 전력 생산은 필수입니다. 환경 단체도 그 사실을 잘 알고 있어요. 대부분 환경 단체는 지금 가동되고 있는 핵발전소의 가동을 바로 중단하라고 주장하지 않아요. 대신 장기적으로 볼 때 경제적이지도 않고

후세에도 부담이 되는 핵발전소를 차근차근 줄이자는 겁니다.

일본은 후쿠시마 핵 사고가 난 다음에 54개 중 4개를 빼고, 나머지는 다 가동을 중단시켰어요. 지금 일본이 촛불 켜고 삽니까? 일본 경제가 그것 때문에 망했습니까? 그렇지 않습니다. 없어도 살아요.

고리 1호는 1978년에 가동을 시작해서 30년 후인 2008년에 종료 예정이었습니다. 그런데 지나도 한참 지난 이 시점에도 계속 가동 중이에요. 그러지 말자는 겁니다. 수명이 다한 걸 왜 자꾸 위험하게 계속 가동하느냐는 거예요. 그리고 또 하나, 새롭게 핵발전소를 세우려는 계획을 백지화하라는 겁니다. 그렇게 시간을 두고 천천히 핵발전소를 없애자는 거예요.

그럼 대안이 뭐냐? 바로 요즘 전 세계적으로 주목받고 있는 재생 에너지[3]입니다. 재생 에너지는 화석 연료나 핵에너지처럼 인류와 지구에 미치는 피해를 최소화합니다. 핵발전 대신 햇빛이나 바람을 이용한 재생 에너지를 생산해서 쓰자는 겁니다.

한편으로 에너지 효율을 높이는 방법도 있겠습니다. 전력을 많이 생산하는 대신 아껴 쓰자는 거지요. 예컨대 전자 제품의 에너지 효율을 높이면 전력 소모를 줄일 수 있습니다. 주택도 단열재 등을 사용해 열효율을 높일 수 있고요. 교통 시스템도 대중교통 비율을 높이는 쪽으로 정책을 잡으면 에너지 사용량이 지금보다 훨씬 줄어들지 않을까요?

에너지 소비도 마찬가지예요. 우리나라의 에너지 소비량은 세계적으로도 많습니다. 지난 30년 동안에 8배가 늘어났어요. 일례로 가정에서 쓰는 전기량은 우리가 일본보다 많아요. 지난 10년 동안에 1인당 전기 소비량이 두 배

---

3) 햇빛이나 바람, 수력, 지열이나 유기물을 통해 얻는 자연 에너지.

가 됐어요. 지금은 영국, 프랑스, 독일, 이탈리아보다 1인당 전기 소비량이 더 많습니다. 미국 다음으로 많아요. 대체 에너지를 고민해야 할 때인 것입니다.

좀 더 많은 사람들이 진실을 깨달아야 합니다. 아까 말씀드렸다시피, 세계적인 추세는 핵발전소를 줄이거나 폐기하는 것이에요. 예전에 지은 핵발전소들도 수명이 다해갑니다. 1950년대 후반부터 짓기 시작해서 1960~70년대에 지은 것이 제일 많거든요. 하나 둘 수명이 끝나가고 있어요. 뒤늦게 핵발전소를 짓기 시작한 우리도 상황은 마찬가지입니다. 다 쓴 핵발전소는 폐기하고 더 이상 짓지 않는 게 상식적으로 맞습니다.

우리의 참여가 환경과 생명을 살린다

질문: 노후된 핵발전소 가동을 중단시키면 별다른 문제 없이 원래 상태로 돌아갈 수 있을까요?

답변: 그렇지 않습니다. 가동을 중단한다고 해도 그 안에 있는 핵연료를 어떻게 처리할 것이냐 하는 문제가 남습니다. 열을 식혀야 하고 안전하게 폐기하려면 저장소를 지어야 합니다. 그런데 여기에 돈이 너무 많이 드는 거예요. 그래서 지금 전 세계적으로 방치하고 있는 원자로가 110개예요. 어떻게 못 하겠으니까 그냥 두는 겁니다. 이걸 안전하게 제대로 처리한 것은 2개밖에 없어요. 쓰고 남은 핵폐기물의 처리 문제는 지금 핵발전을 시작했던 세계 여러 나라가 떠안은 공통적인 과제예요.

질문: 우리나라에 처음으로 핵발전소가 지어졌을 때 인근에 퍼진 방사능 가스나 온배수로 기형아가 발생했다는 보도들이 있었습니다. 그런데 이후로는 그런 보도가 없어요. 이후의 상황에 대해 알려진 바가 있나요? 핵발전의 안정성에 대해 지속적으로 의문을 제기하고 파헤치는 곳이 있는지도 알고 싶습니다.

답변: 저를 포함해서 환경 운동을 하시는 쪽에서 초창기부터 꾸준히 문제를 제기했습니다. 핵발전소 시설에 근무하는 사람이 머리가 비정상적으로 크거나 뇌가 없는 아기를 출산합니다. 또 누구누구가 암으로 죽었다는 제보가 들어와요. 그동안 신문·방송을 통해서도 수차례 알려졌습니다만, 지금까지 큰 변화는 없습니다. 반짝하고 사람들 관심이 쏠렸을 때만 대안을 마련하는 척해요. 이후 잠잠해지면 또 새로운 핵발전소를 계획한다는 소리가 흘러나옵니다.

환경 단체에서도 장시간 감시하고 조사할 여력이 없었던 것도 사실입니다. 그러려면 수많은 전문 지식과 운영 자금이 필요합니다. 이걸 누가 지원해야 합니까? 바로 양심적인 시민들이에요. 영국의 환경 단체인 내셔널 트러스트 같은 경우 회원 수가 250만임니다. 영국 인구가 5500만임을 감안하면 엄청난 수죠. 새와 개펄을 보호하는 영국조류보호협회(The Royal Society for the Protection of Birds, RSPB)는 회원 수가 60만입니다. 독일의 녹색당 당원은 70만 명입니다. 그만큼 환경에 대한 시민들의 관심이 뜨겁다는 얘기입니다.

환경 문제는 이제 현대인의 일상에 던져진 화두입니다. 우리가 잘 먹고 잘 살려면 반드시 해결해야 할 문제가 된 거예요. 우리나라에서도 이를 해결하려는 움직임이 예전부터 있었지만 아직은 시작 단계나 다름없습니다. 그렇지만, 결국은 우리나라도 대세를 따르게 될 거로 생각합니다. 한 사람 한 사람의 소중한 참여가 환경과 생명을 살립니다.

질문: 일본의 경우 핵물리학자들이 핵발전소 반대 운동을 하고 있지 않습니까? 원자력연구소에서 근무했던 다카기 진자부로(高木仁三郎) 박사 같은 분이 대표적이고요. 이분이 후쿠시마 핵 사고가 있은 지 얼마 후 우리나라에 와서 한국 분들한테 폐를 끼쳐서 죄송하다고 말하는 것을 들었을 때는 가슴이 아프더라고요. 세계적인 차원에서 핵발전 문제에 어떻게 대처해야 하는지 말씀 부탁합니다.

답변: 우선 환경 문제는 국가 단위로 생각하면 풀리지가 않습니다. 후쿠시마 핵 사고가 일본만의 문제가 아니듯이 우리나라 핵발전도 결코 한국만의 문제가 아닌 거예요. 방사능은 국적과 나라 경계를 따지지 않습니다. 마치 철새가 국경을 가리지 않듯이 말입니다. 때가 되면 시베리아에서 한국, 일본 거쳐서 호주까지 가잖아요. 바닷물이 국경이 있습니까? 공기가 국경이 있습니까? 기후 변화라는 것은 전 지구적인 현상이에요. 이 문제에 있어서만큼은 '나는 한국인이다'라는 생각을 버려야 합니다.

2000년에 호주에서 세계 녹색당 회의가 있었어요. 그때 호주의 어느 부장검사 집에서 민박을 했어요. 부장검사면 우리나라에선 상당히 권력자지요? 하지만 그쪽은 달랐습니다. 우리나라 여느 가정집과 다르지 않았어요. 그런데 그 부장검사의 딸이 제게 어느 나라에서 왔느냐고 물어요. 한국에서 왔다고 하니까 목소리를 높여요. 아저씨 나라가 개펄을 잘 보존하지 못해서 자기 나라에 오는 철새가 점점 줄어들고 있다고, 개펄 좀 보존 잘했으면 좋겠

다고요. 그 아이는 초등학교 1학년이었습니다. 할 말이 없는 저는 쩔쩔맸어요. (웃음)

세계는 이미 변하고 있어요. 서로 떼려야 뗄 수 없는 그야말로 글로벌한 관계가 되었죠. 인류의 생존을 위협하는 핵문제에서 점점 줄어드는 철새에 이르기까지 세계 시민의 한 사람이라는 생각으로 진지하게 고민해야 할 때가 된 것입니다.

2강
'원자력발전' 아니고,
'핵발전'이 맞습니다

김익중(동국대 의대 교수, 탈핵에너지전환교수모임 집행위원)

핵발전소 건립을 찬성하고 추진하는 사람들은 '수명 연장'이라는 표현을 쓰지 않습니다. 대신 '계속 운전'이라고 해요. 게다가 핵발전소를 '원자력 발전소'라고 부릅니다. 전 세계적으로 쓰는 용어가 'nuclear power plant'인데, 여기서 'nuclear'를 '핵'이라는 부정적인 용어 대신 '원자력'으로 쓰는 거예요.

2강_ '원자력발전' 아니고, '핵발전'이 맞습니다

안녕하세요. 저는 오늘 여러분께 핵발전의 위험성에 대해 말씀드리고자 합니다. 먼저 제 소개를 간단하게 드리죠. 제 전공은 미생물학과 면역학입니다. 학위를 마치자마자 의대 교수가 되었지요. 그러다 우연한 기회에 경주 환경운동연합의 상임의장이 되었습니다. 지금은 '탈핵에너지전환교수모임'에서 일을 하고 있고요.

나는 왜 탈핵 운동가가 되었나

제가 사는 곳이 경주라 지역 이야기부터 시작하죠. 환경운동연합에 몸을 담은 후 경주에 방사능 폐기물 저장소(방폐장)가 지어진다는 얘기가 있어서 안정성을 조사했습니다. 그랬더니 당국의 설명과 달리 문제가 많은 거예요. 1년 동안 자료를 수집했습니다. 경주 방폐장은 지반이 매우 나쁘고 지하수가 풍부해서 공사 자체가 아주 어렵습니다. 굴을 뚫으면 무너지고, 물이 샙니다. 방폐장 공사 기간을 세 번이나 늘렸어요. 그래도 방사능이 샐 가능성은 여전합니다. 콘크리트로 '사일로'라고 부르는 방을 만들고 그 안에 방사능 폐기물을 집어넣는데, 물이 워낙 많은 곳이라서 방폐장은 물에 잠길 것으로 예측되고 있습니다.

방사능 폐기물을 담는 10만여 개의 드럼통은 납땜도 안 되어 있어요. 물이 스며들게 됩니다. 사일로의 콘크리트 외벽에 금이 가면 곧바로 지하수가 스며들게 되고, 방사능에 오염된 물이 외부로 유출될 가능성이 아주 높습니다. 이걸 확인한 후 제가 해당 기관에 공문을 보내 보수 계획이 있느냐고 물었더니 그럴 계획이 없다고 합니다. 그럴 수밖에 없죠. 일단 그 안에 폐기물을 집어넣으면 보수 공사는 불가능해요. 결론적으로 말해 경주 방폐장에서 방사능 오염 물질이 외부로 새어 나갈 확률은 100퍼센트입니다.

이건 결코 기우가 아닙니다. 같은 내용의 공문을 대전에 있는 한국원자력안전기술원(KINS)에도 보내 물어봤습니다. 그랬더니 결론이 같아요. 이 기관도 경주 방폐장은 물에 잠길 것이고 결국 방사능이 샐 것으로 짐작하고 있었습니다.

그 공문을 받아 쥔 순간 이걸 사람들에게 알려야 한다고 생각했어요. 2년 동안 사방으로 뛰어다녔습니다. 그런데 반응이 없는 거예요. 답답했습니다. 성명서도 쓰고 토론회도 했지만 지역 방송사에서만 다뤘을 뿐 주요 언론들은 침묵합니다. 공사는 예정대로 계속되고 있고요. 이런 상황이라면 방사능 유출은 예정된 거나 마찬가지입니다. 오염수가 지하로 스며들면 시민들에게 직접적인 영향을 끼칩니다. 1만 5000명의 경주 시민이 그 지하수를 먹는 물로 사용합니다. 양남면, 양북면, 감포읍 주민들이 다 그 물을 먹고 살아요.

지난 2년 동안 그 사실을 알리고자 부단히 노력했는데 실패했습니다. 저도 충격을 받았어요. 사람들이 핵 문제에 이렇게 둔감할 줄은 몰랐습니다. 그 와중에 2011년 3월 11일 후쿠시마에서 핵 사고가 났잖아요. 방폐장 문제에만 골몰해 있던 제겐 엄청난 충격이었습니다.

하루 종일 텔레비전만 봤어요. 그렇게 한 달 두 달 지나니까 정신이 좀 들면서 반성이 되더라고요. '야, 내가 정말 핵에 대해서 몰랐구나. 방폐장만

막으면 되는 걸로 생각했는데, 그게 아니구나. 핵발전소 자체를 없애야 되겠구나.' 싶었습니다. 그래서 열심히 탈핵 운동을 하게 되었어요. 스무 명의 사람들과 함께 '경주핵안전연대'라는 단체를 꾸렸습니다. 일본 후쿠시마에서 사고가 난 후엔 아주 바빠졌어요. 상황이 달라졌습니다. 사람들이 여기저기서 우릴 찾아요. 지금도 스케줄이 꽉 차 있습니다. 제가 이렇게 바쁘게 살게 될 줄은 정말 몰랐습니다. (웃음)

자, 그럼 이제 본격적으로 이야기를 시작해보겠습니다.

한국 핵발전소와 일본 핵발전소의 차이

2011년 3월 11일 일본 후쿠시마를 쓰나미가 덮칩니다. 다음날부터 하루에 한 개씩 핵발전소가 터졌잖아요. 그러자 사람들이 우리나라는 안전하냐고 물었습니다. 그때 정부가 우리나라의 원자로는 일본의 그것과 구조가 다르다고 말했던 것, 기억하십니까? 그 얘기를 듣고 저는 헛웃음을 지었어요. 제가 방폐장 반대 운동 하면서 원자로 구조에 대해 알게 되었거든요.

핵발전의 원리는 이렇습니다. 원자로 안에서 핵분열이 일어나면서 엄청난 열이 발생합니다. 그 열로 물을 끓여서 나오는 증기로 터빈을 돌려요. 뜨거운 증기는 바닷물로 식혀서 물로 만든 다음 다시 원자로 안으로 집어넣어요. 그러고는 다시 끓여서 증기로 만듭니다. 이 과정을 반복하는 거예요. 물을 끓여서 증기로 터빈을 돌려 전기를 만드는 과정은 화력발전소하고 똑같아요. 다만, 연료가 다릅니다. 화력발전소는 석탄·석유·가스를 쓰지만, 핵발전소는 핵연료, 즉 우라늄을 씁니다.

원자로 안에는 약 4.5미터짜리 핵 연료봉이 300여 개 들어 있어요. 연료봉에는 분필처럼 생긴 우라늄 막대, 즉 가느다란 펠릿(pellet) 수백 개가 들어 있습니다. 여기에 불을 붙이면 핵반응이 시작됩니다. 그 과정에서 엄청난 에너지가 발생해요. 다 탄 연료봉은 1년 6개월마다 3분의 1씩 꺼냅니다. 꺼내서 20~30년 동안은 물에 집어넣어 식힙니다.

핵시설에 대해 좀 더 자세히 알아보겠습니다. 먼저 원자로를 살펴볼까요. 핵발전에서 가장 중요한 건 핵분열이 일어나는 원자로입니다. 핵분열이 발생할 때 엄청난 열이 발생한다고 말씀드렸는데요. 이걸 어떤 물로 식히느냐에 따라 경수로와 중수로로 나뉩니다. 경수(輕水)는 보통 물이고, 중수(重水)는 중수소와 산소가 결합해서 만들어진 물입니다.

경수로는 다시 가압형과 비등형으로 나뉩니다. 가압형은 물에 압력을 가해서 끓는 점을 높인 물을 사용합니다. 물에 150~160기압을 가하는데 그러면 섭씨 300도가 돼도 안 끓어요. 이 물로 증기 발생기에 있는 물을 끓입니다. 거기서 나오는 수증기로 터빈을 돌리는 방식입니다. 물 끓이는 방식이 간접적이죠? 중탕 방식으로 물을 끓이는 겁니다. 압력을 가해 끓는 점을 높인 물이 도는 1차 수로와 냉각수로 사용되는 2차 수로가 함께 도는 방식입니다. 우리나라의 원자로는 바로 이 가압형 경수로예요.

간접 가열 방식이니 효율성은 떨어지겠지만 상대적으로 안전성이 좋다고 할 수 있겠죠. 원자로의 냉각 회로와 증기 발생 회로가 분리되어 있어 사고로 원자로에 전원이 공급되지 않더라도 멈추지 않고 자연 순환이 이루어진다는 거예요. 이번에 정부에서 우리나라 핵발전소가 상대적으로 안전하다고 홍보했을 때의 논리가 바로 이겁니다.

반면 사고가 난 일본 후쿠시마 핵발전소는 비등형 경수로입니다. 원자로에서 가열한 증기로 직접 터빈을 돌리는 방식이지요. 지진이 나자 원자로와 연결된 파이프에 이상이 생긴 겁니다. 이 안에 있는 냉각수가 빠져 버렸어요. 그러니 어떻게 되겠어요. 원자로 온도가 올라가겠죠? 1000도, 2000도, 3000도까지 올라갑니다. 엄청난 열에 원자로의 노심4)이 녹아 버려요. 이걸 멜트다운(meltdown), 즉 노심 용융이라고 합니다. 녹아 버린 핵연료는 지구 상에서 담을 그릇이 없어요. 닿으면 뭐든 다 녹습니다. 용해된 노심이 20센티미터 두께의 강철 원자로를 뚫고 땅밑으로 들어갑니다. 이걸 멜트스루(melt through)라고 해요.

이 물질은 이제 어디까지 가게 될까요? 논리적으로 따지면 계속해서 지구 중심을 향해 내려가겠죠. 그다음엔? 지구 반대편으로 뚫고 나올지도 모르겠네요. 예전 미국 스리마일 섬(Three Mile Island) 핵 사고5) 때 실제로 유행했던 농담입니다. 그때도 멜트다운, 멜트스루가 연속적으로 일어났어요. 누군가 이러다 핵연료가 지구 중심을 지나 반대편 중국으로 나올 거라고 했습니다. 실제로 그렇게 믿었던 사람들도 있었고요. 그래서 노심이 녹아 땅속으로 내려가는 현상을 '차이나 신드롬(China syndrome)'이라고 합니다. 1979년 가상의 핵발전소 사고를 다룬 동명의 영화가 개봉되기도 했지요. 핵에 대한 공포가 만들어 낸 으스스한 농담입니다. 지금 일본 후쿠시마 핵발전소에서는 이 '차이나 신드롬'이 진행 중이에요.

그렇다면 정부의 설명대로 우리나라의 원자로는 가압형이라서 안전할까

---

4) 노심(爐心): 원자로에서 핵연료와 감속재가 있는 곳으로 여기서 핵분열이 발생한다.

5) 1979년 3월 28일 미국 펜실베이니아 주 스리마일 섬 핵발전소에서 일어난 사고. 냉각수 온도를 낮추는 열교환기 이상으로 원자로 온도가 급상승. 노심 일부가 녹아내리는 사고가 발생하였다. 사고 종료 후 해당 핵발전소는 영구 폐쇄되었으며 당시 미국에선 건설 중인 핵발전소를 제외한 모든 핵발전소 설립 계획이 취소되었다.

요? 그건 물을 끓이는 방식의 차이일 뿐 사고로 냉각수가 빠져 버리면 결과는 똑같습니다. 수증기를 만들어 내는 방식은 별 상관이 없는 겁니다.

1979년 미국 스리마일 섬에서 핵 사고가 났을 때 일본인들이 뭐라고 했는지 아십니까? "우리는 원자로 구조가 달라서 저런 일은 절대 안 일어날 거야." 이렇게 말했어요. 스리마일 섬의 핵발전소는 우리와 같은 가압형 경수로였거든요. 한국이 지금 똑같은 오류를 반복하고 있어요. 1979년도의 일본처럼 강 건너 불구경하듯이 하는 겁니다. 만약 그때 일본이 좀 더 면밀하게 사고를 조사하고 대책을 세웠다면 오늘날의 참사를 막을 수도 있지 않았을까요?

완벽하게 안전한 핵시설은 있을 수 없습니다. 원자로 형태, 냉각 방식 등을 따지기 전에 탈핵으로 가야 합니다. 위험요소를 없애는 게 답이에요.

방사능에 포위된 일본의 수도

일본 후쿠시마 핵 사고에 대해 좀 자세히 얘기해 보겠습니다. 사고 이후 원자로 1, 2, 3호기가 다 터지고, 100퍼센트 멜트다운이 됐어요. 이어서 멜트스루가 됐습니다. 거기까지는 일본 정부도 인정합니다. 그러나 '차이나 신드롬'에 대해서는 얘기를 안 해요.

왜일까요? 말하기 싫어서 안 하는 게 아니라 알 수가 없으니까 못 하는 거예요. 들어가 보질 못 했으니까요. 어떻게 될지 알 수가 없습니다. 녹아내린 핵연료가 어디에 있는지 알아볼 도리가 없어요. 내부 온도와 방사능 수치가 워낙에 높다 보니 사람이 들어갈 수도 로봇을 넣거나 카메라를 들여보낼 수도 없어요. 분명 차이나 신드롬이 진행 중일 거라고 확신할 수 있지만 아무도 어디까지 진행되었는지 알지 못합니다.

게다가 이번 사고는 이전의 것들과 규모부터가 다릅니다. 사용하고 난 핵연료는 계속 열이 남아 있기 때문에 두고두고 식혀야 한다는 사실을 알고 계시죠? 3, 4호기 안에는 이 폐연료봉들이 담긴 수조가 있었습니다. 여기 들어 있는 핵연료의 양은 원자로에 들어 있는 것의 4~5배예요.

체르노빌 핵발전소 사고와 비교해 보면 그 심각성을 더욱 잘 알 수 있을 거예요. 손상된 핵연료의 양으로 따지면 체르노빌의 7배 규모의 사고가 난 겁니다. 히로시마 원폭의 2,000배 규모예요. 원자로 1개에는 핵폭탄 1개 만드는 데 필요한 우라늄의 300배의 양이 들어갑니다. 단순히 산술적으로 생각해도 이번 사고는 엄청나다는 걸 알 수 있을 거예요.

그러면 사고로 인한 방사능 피해는 어느 정도일까요? 후쿠시마를 중심으로 일본 국토의 약 70퍼센트가 오염되었어요. 도쿄를 포함한 20퍼센트 정도가 고농도의 오염 지역입니다. 〈사이언스〉, 〈네이처〉와 더불어 세계 5대 과학 잡지라 불리는 〈미국국립과학원회보(PNAS)〉에 실린 내용입니다. 일본 학자들이 직접 조사한 결과예요.

고농도 오염 지역이 남한 넓이와 비슷해요. 이건 무엇을 의미하는 것일까요? 한국에서 핵 사고가 나면 우리나라 전체가 오염된다는 뜻입니다. 인구 1,200만의 도쿄는 지금 기준치의 열 배 이상 방사능에 피폭된 상태입니다. 후쿠시마에서 300킬로미터 넘게 떨어진 도쿄까지 방사능 물질이 퍼진 거예요. 방사능의 생물학적 영향을 나타내는 단위는 밀리시버트(mSv)입니다. 핵산업계가 1980년대에 정한 것이에요. 그런데 사고 당시 후쿠시마 핵발전소에서 측정된 수치는 시간당 1만 밀리시버트였습니다. 참고로 병원에서 엑스레이를 찍을 때 피폭되는 양이 0.1~0.3밀리시버트예요. 상상을 초월하는 수준입니다.

단시간에 100밀리시버트 내외의 방사능에 피폭되면 암 사망률이 증가합니다. 앞으로 일본에 암 환자 수가 급증하리라는 예측이 가능합니다. 피폭 지역 어린이들이 코피 흘리고, 설사하고, 어지러워한다는 말 들어보셨죠? 인체가 다량의 방사능에 노출되었을 때 볼 수 있는 가장 흔한 증상입니다. 옛날 히로시마와 나가사키에 원폭이 터졌을 때도 그랬고, 체르노빌 핵 사고 때도 같은 증상이 나타났어요. 상피세포가 손상돼서 나타나는 현상입니다. 부모들이 그런 아이들을 보고 마음이 어떻겠어요. 무력한 정부의 대응에 화가 나겠죠. 정부로서도 어쩔 수가 없을 겁니다. 수천만이 넘는 피폭 지역 사람들을 다 어디로 데리고 가요? 그러니까 국민들한테 계속 거짓말을 합니다. 안전하다고 말이죠. 괜찮으니 그냥 살던 곳에서 지내라고 말입니다. 그래서 솔직하게 밝히고 대책을 마련하는 대신 잘못된 정보로 설득하고 있어요. 전 세계의 방사능 관리 기준치가 1밀리시버트예요. 그 정도는 위험하지 않다는 얘긴데, 일본은 그 기준이 20밀리시버트입니다. 사고 난 다음에 스무 배 올려버렸어요. 일본인만 유독 방사능에 강한 걸까요? 안타까운 일입니다.

세계에서 핵발전소가 가장 많은 나라는?

후쿠시마 핵발전소 사태를 지켜보면서 생각했습니다. 도대체 핵발전소 사고가 끊이지 않는 이유가 뭘까? 과거 역사를 되짚어 보자면, 1979년도 미국 스리마일 섬에서 핵발전소 사고가 났어요. 그다음 7년 만인 1986년 체르노빌에서 사고가 났습니다. 2011년 일본 후쿠시마가 세 번째 사고입니다. 물론 세계적으로 널리 알려진 사고만 꼽은 겁니다. 이들 간에 공통점을 발견하기 위해서 자료를 뒤졌습니다. 그런데 도통 모르겠어요. 지명이 모두 네 글자라는 것을 빼고는 하나도 찾을 수 없었습니다. (웃음)

그러던 중에 우연히 어떤 분의 강의를 들었어요. 그분이 지도를 펼쳐 보이면서 전 세계에 있는 핵발전소의 위치를 보여 줍니다. 그때 아! 하고 깨달은 게 있었어요.

전 세계에서 핵발전소가 제일 많은 곳이 어디죠? (청중: "미국") 네, 미국이 104개로 제일 많아요. 그다음은요? (청중: "프랑스") 그렇습니다. 프랑스가 58개예요. 세 번째는요? (청중: "일본") 네, 일본이 54개로 세 번째입니다. 러시아가 32개로 네 번째. 다음은 어디인가요? (청중: "한국") 그렇습니다. 드디어 우리나라가 나왔네요. 총 23개로 전 세계 5위의 핵발전소 수를 자랑(?)합니다. 이 밖에 다른 나라들을 보면 스페인 8개, 체코 6개, 브라질 2개, 네덜란드 1개로 대개 10개 이하예요.

이제 핵발전소 사고가 특정 지역에서 발생하는 이유를 설명할 차례입니다. 첫 번째 핵 사고는 미국에서 났어요. 두 번째 핵 사고는 소련 시절 우크라이나에서 났어요. 당시에 소련 내 핵발전소는 모두 66개였어요. 미국에 이어 두 번째로 많았지요. 이어서 네 번째로 핵발전소가 많은 일본에서 사고가 났습니다.

자, 그럼 정말 핵발전소 수와 사고 발생률의 인과관계가 있다고 할 수 있을까요? 지금까지는 그렇습니다. 미국, 소련에 이어 일본에서 사고가 났잖아요. 따라서 프랑스도 사고 발생 확률이 높습니다.

우리나라에는 전남 영광과 경북 울진에 각각 6개, 경주 월성에 5개, 부산

고리에 6개 해서 23개의 핵발전소가 있습니다. 여기에 건설 중인 신울진 2개, 신월성 1개, 신고리 2개를 합치면 무려 28개의 핵발전소가 들어서게 돼요.

전 세계 핵발전소 밀집도라는 것이 있어요. 땅 넓이당 핵발전소의 개수입니다. 밀집도로 치면 한국이 전 세계 1위입니다. 그다음이 벨기에인데요. 후쿠시마 핵 사고 후 정부에서 핵발전소를 모두 없애기로 했어요. 탈핵 국가를 선언한 거죠. 그다음은 대만입니다. 지금 가동 중인 핵발전소가 6개이고, 2개를 더 짓고 있어요. 그런데 이 가동 중인 핵발전소를 가까운 시기에 모두 폐기하기로 했어요. 그래서 대만도 핵발전소가 모두 없어질 것입니다.

지금 일본은 사고 후 2개만 남기고 모든 핵발전소의 가동을 중지했습니다. 일본의 핵발전소는 지자체와 계약을 맺은 회사가 운영합니다. 계약 조건에 문제가 생기면 일단 가동을 중단하고, 재가동할 때는 지자체장의 도장을 받게 되어 있어요. 후쿠시마 핵 사고 후 여론을 의식한 지자체장들이 당장은 쉽게 도장을 안 찍어 줄 겁니다.

그렇다고 일본의 핵 산업계가 이대로 물러날까요? 그럴 리가 없죠. 재가동시키기 위해서 별짓을 다 할 거예요. 핵시설로 돈을 벌려는 쪽과 반핵 국민과의 전쟁이 시작될 겁니다. 하지만 사고가 난 이상 일본도 핵발전소 수를 줄여나갈 수밖에 없어요. 세계 2위의 핵발전소 국가인 프랑스도 집권당인 사회당이 핵발전소를 줄이기로 당론을 정한 상태예요. 너무 많아서 한 번에 없애지는 못할 겁니다. 이런 추세라면 한국만 남아서 1위 자리를 차지하게 될지 몰라요.

핵발전소 사고의 현주소

제가 경주환경운동연합에서 일하면서 핵발전소 사고가 발생할 확률을 계산해 본 적이 있습니다. 그 이유는 다음과 같습니다.

경주에 살다 보니까 핵발전소에서 일어나는 크고 작은 사고를 보게 됩니다. 그래서 경주환경운동연합에서는 지속적으로 핵발전의 위험성을 알리고 있어요. 수명 연장을 하지 말고 폐쇄하라는 성명서를 내면 정부 쪽에서 경주 시민들을 설득합니다. 동요하지 말라고요. 핵발전소는 안전하고, 사고 날 확률은 100만 분의 1밖에 안 된다고 말합니다. 안정성을 주장할 때 '사고 확률'은 단골로 등장하는 논리입니다. 보통 사람들이 듣기에 설득력이 있어요.

이걸 어떻게 반박할까 고민하다가 저 나름의 이론을 개발했습니다. 핵발전소 사고 발생 확률은 결코 100만 분의 1이 아닙니다. 세계 핵발전소 중 가동 중인 440여 개 중에 6개가 터졌잖아요. 스리마일과 체르노빌에서 1개씩, 후쿠시마에서 4개, 그렇죠? 계산하면 440분의 6, 1.36퍼센트가 나옵니다. 100만 분의 1이 아니라 80분의 1이에요.

후쿠시마 핵 사고가 난 후 몇 달 지나서 독일, 스위스, 이탈리아, 벨기에가 탈핵을 결정했어요. 중국, 영국도 탈핵 초기 액션은 취했어요. 국민들이 불안해하니까요. 영국은 신규 핵발전소를 중단했어요. 러시아는 오래된 것은 수명 연장을 안 하고 폐기하기로 했어요. 중국은 핵발전소의 신규 허가를 잠정 중단했다가 1년 후에 점진적으로 속도를 조절한다는 단서를 달고 핵발전소 건설을 재개했습니다.

그런데 한국, 미국, 프랑스, 캐나다 이 네 나라는 그나마 이런 노력도 없어요. 오히려 원자력 정책에 변화는 없을 거라고 큰소리칩니다. 핵발전소 개수가 많아서 다음 사고가 날 가능성이 가장 높은 나라들이 가장 안전한 척해요. 정말 안타까운 일입니다.

핵발전소의 수가 사고확률을 높인다고 말씀드렸습니다. 그렇다면 사고를 유발하는 또 다른 요인은 무엇이 있을까요. 바로 핵발전소의 나이입니다. 30년 동안 굴린 차와 지금 막 출고한 차 중에 어떤 게 고장이 잘 나겠어요? 이건 누구라도 쉽게 수긍할 수 있습니다. 통계도 이를 뒷받침하고 있고요.

후쿠시마에 핵발전소가 10개 있었어요. 그중 1~4호기가 터졌습니다. 이때의 숫자는 뭘 뜻하는 걸까요? 나이예요. 먼저 지은 순서대로 1호기, 2호기 그렇게 가는 겁니다. 참고로 이번에 사고가 난 핵발전소는 모두 30년이 넘은 노후 시설입니다. 30년이 안된 후쿠시마 5, 6, 7, 8, 9, 10호기는 하나도 안 터졌어요. 후쿠시마 1호기는 만 40살이 넘었어요. 수명을 연장한 지 한 달 만에 사고가 터졌습니다. 마지막에 터진 후쿠시마 4호기는 딱 30살 된 겁니다. 나머진 안 터졌어요. 이게 뭘 의미합니까? 똑같이 지진 오고, 똑같이 쓰나미가 왔는데 왜 나이순으로 4개만 뽑혀서 터진 겁니까? 지진의 규모로 봐서 4개 정도 터질 만했다면 1호기, 3호기, 7호기, 9호기 이런 식으로 무작위로 사고가 났어야죠. 수학적으로 계산해 보면 10개의 핵발전소 중 1, 2, 3, 4호기가 순서대로 터질 확률은 1만 분의 1도 안 돼요.

이건 뭘 의미합니까? 지은 시점과 사고 사이에 밀접한 관계가 있다는 겁니다. 우리나라에도 수명을 연장한 핵발전소가 있습니다. 고리 1호기, 월성 1호기입니다. 모두 지은 지 30년이 넘은 시설들이에요. 바로 옆 일본에서 사고가 났는데도 폐쇄는커녕 안전성을 의심받는 상황에서 재운전을 강행합니다. 특정 학맥과 기관 출신들로 이뤄진 핵발전소 마피아들이 그 배경에 있어요. 막대한 이권이 얽힌 핵발전소를 얌전히 폐쇄할 리가 없는 거죠.

여기서 퀴즈를 하나 내봅니다. 여러분, 우리나라에서 지금까지 핵발전소 사고가 몇 번이나 일어났을까요? 그냥 답하기가 어려우면 객관식으로 하죠. 1. 50에서 100번 사이, 2. 100에서 200번 사이, 3. 200에서 500번 사이, 마지막으로 500번 이상. 이 중에서 골라보세요. 사지선다입니다. 참고로 말씀드리는데, 답은 상식을 벗어납니다. (청중 "2번이요, 4번이요")

네, 답은 500번 이상입니다. 맞춘 분들이 예상보다 많네요. 상식에서 벗어난다는 힌트가 많은 도움이 되었나 봅니다. (웃음) 정확하게는 653번이에요. 교과부와 한국원자력안전기술원 홈페이지에 가면 사고 기록들이 있어요. 최근 것은 새로 지은 신월성 1호기가 가동 6일 만에 고장 나서 중단된 일이에요. 앞으로도 크고 작은 사고는 계속되겠지요.

사고 내용을 한번 봅시다. 고리 핵발전소를 먼저 볼까요? 증기 발생기 344군데 결함, 방사선 누출, 핵 연료봉 손상⋯⋯. 피폭, 누출 사고가 있었습니다. 누출 사고는 우라늄, 플루토늄이 외부로 그냥 나오는 거예요. 증기 발생기는 가압형 원자로에 있는 건데 고장이 잦아서 사고가 자주 납니다. 지금은 우스운 꼴이 됐지만 비등형 원자로를 사용한 일본이 예전에 자기들이 더 안전하다고 얘기했던 이유예요.

다음은 영광 쪽을 보죠. 핵 연료봉 손상, 미확인 용접 등의 사고가 있었습니다. 미확인 용접이 뭘까요? 발전소 안에 파이프들이 굉장히 많은데, 이걸 무자격자가 용접한 거예요. 아주 위험한 짓입니다. 이어서 310명 피폭, 핵 연료봉 결함, 핵 연료봉 파손 등의 사고도 있었어요. 핵 연료봉을 싸고 있는 피복재 손상으로 인한 사고가 굉장히 많았어요.

이번에는 울진입니다. 냉각수 누출 사고가 있었어요. 냉각수 누출 사고, 이게 뭡니까? 후쿠시마 핵 사고의 원인이 바로 이거죠. 또 미확인 용접, 방사능 피폭, 핵 연료봉 손상, 파손 등이 있습니다.

월성을 볼까요? 중수 누출 사고가 있었어요. 이게 뭐예요? 월성 핵발전소의 원자로는 보통 물보다 약간 더 무거운 중수를 냉각수로 씁니다. 이것도 냉각수 누출 사고입니다.

어떻습니까? 이런저런 사고가 지금까지 653번이나 일어난 거예요. 핵발전소 안에는 수없이 많은 부속이 있습니다. 각각의 부품들이 한두 번씩 고장이 나는 많은 사례가 있어요. 고장 안 나는 기계가 있던가요? 찬성론자들이 말하듯 핵발전소라고 해서 특별히 안전하지 않아요. 자동차가 고장 나는 것처럼 핵발전소 시설도 고장을 일으킨다고 보면 돼요.

'원자력발전' 아니고, '핵발전'이 맞습니다

사고는 날 수도 있습니다. 인간이 만든 이상 완벽하길 기대하긴 어렵잖아요. 그걸 인정하면 해결 방법이 나옵니다. 그런데 정말 큰 사고는 사실을 숨기고 왜곡하는 데서 옵니다.

우리나라 법에는 핵발전소에서 고장이나 사고가 나면 24시간 내에 국민에게 알리게 되어 있어요. 내부 보고는 훨씬 더 빨리 하게 되어 있는데, 실제론 그 법이 지켜지지 않습니다. 1984년, 1988년에 월성 1호기 냉각수 누출 사고가 있었는데 쉬쉬하다가 4년이 지나서야 외부에 알려졌어요. 1996년에 영광 2호기의 냉각재가 누출된 사고는 주변 환경을 오염시킨 후에야 들켰어요. 2004년에는 영광 5호기에서 방사성 물질이 누출됐는데 재가동을 강행했고, 이것도 일주일간 은폐했죠. 2007년에는 핵물질 3킬로그램이 들어 있는 우라늄 시료 상자가 없어졌는데 아직도 어디에 있는지 몰라요.

사고가 나도 보고하지 않고, 알리지 않아요. 지금 말씀드린 사건들은 그나마 들킨 것들입니다. 이 말이 무슨 뜻이에요? 우리가 알지 못하는 사고가 훨씬 많을 거라는 겁니다. 이런 상황에서 외부에 공개된 사고 횟수 653번을 과연 믿을 수 있을까요?

책임자들은 중대한 사고일수록 숨기고 싶어할 겁니다. 아직 우리나라에서는 체르노빌이나 후쿠시마 같은 대형 사고가 일어나지 않았습니다. 일어나서도 안 되고요. 하지만 그런 사고가 났을 때 어느 정도의 피해가 있을지를 가늠해 보는 것은 예방을 위해서도 중요한 일일 겁니다.

여러분, 상상조차 하기 싫겠지만 한 번 가정해 봅시다. 우리나라 핵발전소에서 폭발사고가 난다면 어디까지 영향권에 들까요? 어디로 가면 안전할 수 있을까요? 일단 반경 30킬로미터는 직접 영향권에 들어갑니다. 체르노빌은 지금 사고 지점 30킬로미터 이내에 접근 못 하고, 후쿠시마도 30킬로미터 바깥으로 주민들을 이주시키려다가, 보상금이 너무 드니까 20킬로미터 이내 거주민에게만 대피령을 내렸습니다. 방사능 기준치도 20배나 올려 버린 상황에서 어떻게든 현상을 유지하고 싶은 거예요.

그렇다고 해서 그 바깥 지역이 안전한 건 아니지만, 범위를 최소화해서 반경 30킬로미터를 영향권으로 잡아 보겠습니다.

먼저 영광 핵발전소를 예로 들죠. 반경 30킬로미터 이내 지역에 14만 명의 주민이 살고 있습니다. 변산 해수욕장 가 보셨나요? 함평 나비축제 가 보셨나요? 모두 직접 피해 지역이 됩니다. 핵발전소 폭발로 방사능이 유출되었다고 가정했을 때 사람이 살 수 없습니다. 다른 지역으로 이주해야 해요. 언제다시 고향 땅을 밟을 수 있을지 기약할 수 없습니다. 500년이 지난 후에야 상황을 보고 판단할 수 있습니다.

울진 핵발전소 반경 30킬로미터 이내에는 6만 명이 살고 있습니다. 다행히도 여긴 사람이 좀 적게 살아요. 경상북도 울진군, 아주 청정 지역이고 경치 정말 좋습니다. 사고가 난다면 사람은 피해를 적게 보겠지만 우리는 그 아름다운 자연을 다시는 만끽할 수 없게 될 겁니다.

고리 핵발전소 지역은 인구가 많아요. 영향권 안에 320만 명이 살고 있습니다. 우리나라 제2의 도시 부산이 여기에 해당합니다. 해운대 해수욕장 좋아하시나요? 사고가 나면 다시는 갈 수 없는 곳이 됩니다. 부산항부터 시작해서 울산까지 영향권에 듭니다. 그 안에 현대자동차가 있고, LG화학이 있죠. 조선, 자동차, 전자 제품 등 관련 산업 시설이 많습니다. 사고가 나면 여기도 사람이 들어갈 수 없어요. 산업 시설은 무용지물이 됩니다. 우리나라 경제 전반이 심각한 타격을 입습니다.

그런데도 지금 고리 지역에 핵발전소가 가장 많아요. 지은 지 가장 오래된 핵발전소도 있습니다. 이미 수명을 다한 1호기만이라도 폐쇄하면 좋을 텐데, 지금도 재가동을 강행하고 있습니다.

참고로 핵발전소 건립을 찬성하고 추진하는 사람들은 '수명 연장'이라는 표현을 쓰지 않습니다. 대신 '계속 운전'이라고 해요. (웃음) 게다가 핵발전소를 '원자력 발전소'라고 부릅니다. 전 세계적으로 쓰는 용어가 'nuclear power plant'인데, 여기서 'nuclear'를 '핵'이라는 부정적인 용어 대신 '원자력'으로 쓰는 거예요.

물리학 용어인 원자력은 굉장히 에너지가 적은 거래요. 발전에 사용할 수 없는 아주 미약한 힘이라는 거래요. 그러니 '핵발전소'가 맞습니다. 그런데도 굳이 '원자력 발전소'라고 부르는 건 왜일까요. 전문가라는 사람들이 스스로 그렇게 사실을 왜곡합니다. '계속 운전'처럼 말이에요.

경주 월성 핵발전소를 볼까요. 반경 30킬로미터 내에 거주하는 사람이 100만 명입니다. 대표적인 산업 시설로는 포항제철이 있어요. 울산도 직접 영향권에 듭니다.

핵발전소 사고로 인해 많은 사람들이 새 땅을 찾아 이주해야 하고 중요한 산업 시설들이 무용지물이 된다고 생각해 보세요. 이건 가히 전쟁을 능가하는 재난입니다. 유출된 방사능은 해수와 바람을 통해 인근 국가로 전파될 거고요. 핵 사고는 한 국가가 감당할 수 있는 규모가 아니에요. 절대 일어나서는 안 됩니다. 한 번 터지면 그 어떤 노력으로도 되돌릴 수 없어요. 따라서 우리가 할 수 있는 최선은 바로 예방입니다.

국내 핵발전소 점검 결과

후쿠시마 핵 사고 이후 우리나라도 50명의 전문가들로 합동 점검반을 꾸려 국내 핵발전소의 안전성을 점검했습니다. 그 결과를 최종 보고서로 제출했는데 여러 문제점이 지적됐습니다. 여기에서 다른 것은 빼고, 지진과 쓰나미에 대한 대비만 살펴볼까요.

첫 번째, 국내에 있는 핵발전소는 모두 지진이 일어나도 자동 정지가 되지 않아요. 자동 정지 설비가 한 개도 없습니다.

두 번째, 월성 1호기는 그동안 방사능 물질인 삼중수소 제거 시설이 없었어요. 그래서 시급히 설치를 권고했습니다. 보고서 끝에 보면 전기가 끊겨도 가동할 수 있는, '배터리'로 작동하는 삼중수소 제거 시설을 설치해야 한다고 되어 있어요. 권고 후 2012년 5월 민간 감시 기구에서 설치 사실을 확인했습니다.

세 번째 지적 사항은 삼중수소 농도 측정기의 구비입니다. 울진 1, 2호기와 월성 1, 2, 3, 4호기 이 6개에는 삼중수소 농도 측정기가 없어요. 그러면 방사능 물질인 중수소가 발생했는지 안 했는지 알 길이 없어요.

이러한 지적 사항을 보더라도 핵발전소는 생각보다 여러 장치와 설비들로 이루어졌다는 걸 알 수 있습니다. 복잡할수록 여기저기서 문제가 생길 확률이 높겠죠. 핵발전소 안에 수많은 시설과 부품이 있을 텐데, 그중에 어떤 게 고장 날지 어떻게 압니까? 또 거기서 일하는 사람이 수천 명이에요. 누가 어떤 실수를 저지를지 알아요? 완벽한 안전이란 신화에 불과합니다. 공개된 것만 653번이에요.

더구나 후쿠시마 핵 사고는 지진과 쓰나미라는 자연재해에서 비롯한 것이잖아요. 아무리 만전을 기한다고 해도 이런 사태에 대비하기란 어려운 일입니다. 우리나라 고리 핵발전소 1~4호기는 해수면보다 6미터 높은 곳에 지어져 있습니다. 만일 이보다 높은 쓰나미가 덮친다면 사태는 불 보듯 뻔해지는 거죠. 모든 최악의 상황을 고려해야 합니다. 후쿠시마 얘기를 조금 더 하면, 원래 후쿠시마 핵발전소가 들어설 부지는 해수면보다 20미터 높은 곳에 있었습니다. 그런데 아무리 쓰나미가 와도 10미터 이상은 못 넘을 거라며 예정보다 10미터를 낮췄어요. 자연은 언제나 인간의 예측을 뛰어넘습니다. 어떤 일이 일어날지 몰라요.

우리나라는 미국이나 러시아, 일본보다 땅이 좁습니다. 사고가 나면 나라 전체가 영향권에 들어요. 지진이건 해일이건 예측 가능한 모든 상황을 고려해야 합니다. 지금까지 별다른 사고가 없었으니 앞으로도 그러리라는 건 오만한 기대에 불과합니다. 더구나 노후한 시설이 늘어가고 있는 시점에서 사고에 대한 철저한 대책, 궁극적으로는 탈핵을 향한 노력이 필요해요.

핵발전소, 꼭 필요한가

핵발전소, 어떻게 하면 없앨 수 있을까요? 핵발전소 무용론을 제기해야 합니다. 사실이 그렇잖아요. 핵발전소를 통해 이익을 보려는 집단들이 퍼뜨린 왜곡된 정보를 조목조목 반박해야 합니다. 하나하나 따져 볼까요.

우선 핵발전소가 없으면 당장 전기를 어디서 구할 것인가 하는 질문에 대한 답을 찾아 봅시다.

2010년 통계에 의하면 현재 우리나라에서 소비하는 전기의 31퍼센트를 핵발전소가 공급합니다. 상당한 비중이죠. 없애자는 얘기를 쉽게 하기 어렵습니다. 하지만 일본은 이미 그렇게 하잖아요. 52개를 한 번에 멈췄습니다. 그래도 블랙아웃[6]얘기 못 들어 봤죠?

대안은 찾아 보면 나오게 마련입니다. 예컨대 전기의 사용처 중 24퍼센트가 난방에 소비됩니다. 이걸 아끼면 핵발전 의존도를 줄일 수 있겠지요. 부족하면 아끼면 됩니다.

다음은 핵발전소의 경제성을 해부해볼 차례예요. 이와 관련해서 양수발전 이야기를 조금 할게요.

화력발전은 3분 만에 꺼지고 5분이면 켜져요. 전기를 쓸 때는 발전기를

---

[6] black out. 전력 대란을 의미하는 용어로 사용된다.

돌리다가 수요가 적을 때는 멈출 수가 있다는 겁니다. 그런데 핵발전소는 그렇지가 않아요. 핵발전소는 껐다, 켰다가 자유롭지 않아요. 핵발전소는 켜는 데 3일, 끄는 데 4일씩 걸립니다. 할 수 없이 밤에도 계속 켜놓을 수밖에 없어요. 그러다 보니 전기가 남아도는 시간대가 생겨요. 그래서 생긴 게 야간에 전기를 싸게 주는 심야 전기 제도예요. 공급에 맞춰 수요를 창출해야 할 지경에 이른 겁니다.

산업체한테는 야간, 그리고 주말에 전기를 싸게 해 줍니다. 기업체 입장에서 보면 고마운 일이지요. 그 결과 휴일, 야간 근로 노동 시간이 많아집니다. 서울에는 그런 공장이 별로 없겠지만 경주만 해도 꽤 돼요. 자동차 부품 공장 같은 데서 3교대 아니면 2교대로 주야 24시간 작업을 합니다. 회사야 돈 벌어서 좋지만 일하는 노동자들 입장에서는 고역이지요. 건강이 나빠집니다. 멈출 수 없는 핵발전소 때문에 밤낮없이, 휴일에도 일을 해야 하는 상황이 발생하는 겁니다.

자, 그런데도 여전히 전기가 남아돕니다. 핵연료는 계속 분열 과정을 거쳐 엄청난 에너지를 쏟아내지요. 터빈은 계속 돌아갑니다. 이걸 어떻게 처리해야 할까 고민하다가 내놓은 게 바로 양수발전이라는 겁니다. 핵발전으로 생산된 전기의 힘으로 물을 끌어 올렸다가 낙차를 이용한 수력발전을 하겠다는 거예요. 남는 전기 버리느니 그렇게라도 생산에 투입하면 좋겠다는 생각이 들 수도 있어요. 하지만 현실에서 양수발전은 그리 경제적이지 않습니다. 양수 발전기 하나 만드는 데 1조 원이 들어요. 그동안 15개의 양수 발전기를 만들었으니 15조 원이 들었겠죠. 핵발전소 4개를 지을 수 있는 돈입니다. 더욱 놀라운 건 그렇게 해서 지은 양수 발전기로 생산해 낸 전기량입니다. 여러분, 얼마나 될 거 같습니까? 핵발전소 1개가 만들 양의 1퍼센트밖에 안 됩

니다. 이거 정말 발전소 맞나요? (웃음)

양수발전에서 물을 끌어 올리느라 소모되는 전기량을 따지면 이건 도무지 전기를 만들려고 짓는 건지 버리려고 만든 건지 알 수 없을 정도입니다.

핵발전소는 결코 경제적이지 않아요. 정부에서 말하듯이 전기 요금이 싼 것도 핵발전소가 값싼 전기를 생산해서가 아니에요. 우리나라 전기 요금은 분명히 싼 편이지만 그건 정부 보조금 때문입니다. 결국 우리들이 내는 세금으로 보조하는 거예요. 핵발전소에서 생산하는 전기의 원가에는 많은 부분들이 빠져 있습니다. 앞으로 폐기물 처리 비용 등을 감안하면 오히려 타 발전소에 비해 제일 비싸요.

다음으로 핵발전소가 친환경적이라는 논리를 살펴볼 차례입니다. 아시다시피 핵은 환경을 파괴하는 주범이지 결코 깨끗한 에너지원이 아닙니다. 물론 화석 연료처럼 탄소를 배출하지 않으니까 상대적으로 깨끗하다고 생각할 수 있겠지요. 하지만 방사능 물질이 탄소보다 더 환경 친화적이라고 할 수 있을까요? 애초에 말이 안 되는 얘깁니다. 지구 환경에 유익한 에너지는 따로 있습니다.

여러분 재생 에너지라고 들어보셨나요. 태양광, 풍력, 바이오매스(생물 자원), 수력처럼 자연 상태에서 만들어진 에너지를 말합니다. 기후 변화, 화석 연료의 고갈 문제 등이 심각해지자 전 세계적으로 재생 에너지에 대한 관심이 늘고 있어요.

미국은 전체 생산 에너지 중에 재생 에너지 비율이 11.6퍼센트예요. 유럽은 어떨까요? 재생 에너지 생산이 제일 적은 나라가 20퍼센트 수준입니다. 자그마치 70퍼센트가 넘는 나라도 있어요. 그럼 우리나라는요? 네, 1퍼센트가 채 안 됩니다. OECD 국가 중 지난 2년 동안 재생 에너지 생산이 줄어든

유일한 나라이기도 합니다. 혼자만의 길을 가고 있어요. (웃음)

퀴즈 하나 내 보겠습니다. 만약 핵이나 화력, 풍력, 수력 발전소처럼 지금까지 전기를 생산하던 다른 모든 시설을 싹 없애고, 재생 에너지인 태양광만으로 필요한 전기를 생산하려면 얼마만큼의 땅이 필요할까요? 지금 국토의 절반? 아니면 두 배나 세 배쯤? 아닙니다. 딱 지금 국토의 6퍼센트 정도의 땅만 있으면 필요한 전기를 생산할 수 있어요.

이와 관련한 일화가 있습니다. 핵발전 반대 운동을 하면서 제가 시장, 도지사 면담을 요구했습니다. 그랬더니 담당 공무원이 나와요. 그분과 얘기를 했습니다. 저는 핵발전소가 없어도 충분히 살 수 있다고 주장했습니다. 태양광 같은 재생 에너지가 있다고도 했죠. 그랬더니 그분이 "아이고, 태양광 그거 전기 얼마 안 나와요. 쓸 만큼 만들려면 태양광 패널로 우리나라 땅을 열 번은 덮어야 할걸요?" 이러더라고요. 그래서 둘이 앉아서 계산해 봤어요. 1제곱미터 패널에서 나오는 전기의 양은 인터넷에서 찾고, 또 우리나라가 소비하는 전기량은 정부 사이트에서 찾았어요. 전체 전기 소비량을 1제곱미터의 패널에서 생산하는 전기량으로 나누었습니다. 그러면 필요한 전체 패널 크기가 나오죠. 그 크기를 전체 국토 면적으로 나눕니다. 그 결과 100분의 6, 즉 6퍼센트라는 수치가 나와요.

국토의 6퍼센트만 태양광 패널을 깔면, 우리가 지금 사용하는 만큼의 전기를 생산할 수 있습니다. 얘기가 이렇게 흘러가니까 그 공무원이 당황합니다. 그러더니 태양광 패널이 햇빛을 가리면 그 아래 생태계가 죽을 거 아니냐고 해요. 그러면 경부고속도로 위에 깔자고 했습니다. 콘크리트로 덮인 땅이 우리나라에 얼마나 많습니까? (웃음)

요즘은 유리판에다 붙이는 태양광 발전기도 개발되었습니다. 높은 건물

벽에 쫙 붙이면 거기서 전기가 나와요. 기술은 나날이 발전하고 있습니다. 다만, 의지가 없는 거예요. 우리나라가 휴대전화를 얼마나 잘 만듭니까? 그 기술력의 절반만 재생 에너지 개발에 쏟아도 상당한 성과가 나올 겁니다.

여러분, 대학마다 원자력공학과가 있습니다. 경주에 있는 동국대에도 있어요. 그런데 태양광공학과 들어보셨어요? 풍력공학과 들어 보셨어요? 없습니다. 왜죠? 지난 수십 년 동안 에너지 관련 투자가 핵으로 쏠린 겁니다. 다른 쪽은 연구를 안 한 거예요. 풍력 발전소를 세우려면 중국으로부터 기술을 빌려 와야 해요. 우리에겐 원천 기술이 없습니다. 너무 오랫동안 안 해 왔기 때문에 지금부터라도 열심히 따라붙어야 해요. 우리나라는 재생 에너지 비율이 세계 꼴찌 수준입니다.

핵발전소는 1954년 소련의 오브닌스크에서 세계 최초로 건설되었습니다. 이후 1980년대까지 급증하다가 1986년 체르노빌 사고 이후 성장세를 멈췄습니다. 핵발전소는 결국 사양 산업이라는 얘기죠. 반면 풍력과 태양광 발전은 계속 성장세를 보이고 있어요. 기술 개발이 계속되면서 발전 단가도 내려가고 있어요.

독일의 경우 지난 5년간 태양광발전 성장률이 매년 평균 65퍼센트에 이릅니다. 전 세계적으로 보면 지난 5년간 성장률이 연평균 50퍼센트 이상이에요. 재작년에는 70퍼센트 성장했습니다. 말 그대로 급성장 중인 겁니다.

전 세계에서 태양광발전을 추진하는 이유는 그만큼 경제적이기 때문입니다. 핵발전과 비교해 보겠습니다. 미국 듀크 대학교수들이 발전 단가의 변화 추이를 조사했습니다. 그랬더니 처음에는 태양광발전이 핵발전보다 단가가 높았지만, 시간이 갈수록 태양광발전이 낮아지고 핵발전은 반대로 증가해요. 그래서 2010년도부터 상황이 역전됩니다. 태양광발전이 핵발전보다 경제적이라는 게 입증되는 순간이에요. 핵발전소는 지어놓는다고 끝이 아니에요. 계속 돈이 들어갑니다. 이것저것 수리도 하고 폐기물 시설도 만들어야 합니다. 태양광발전은 초기 투자만 하면 유지보수비를 제외하고는 일체의 비용이 들어가지 않습니다.

핵발전은 지진대비 자동정지 설비, 중수소 제거 설비 등을 설치하려면 비용이 듭니다. 게다가 사용 후 핵연료를 완전히 제거하는 기술이 아직 없어요. 그냥 보관하는 게 현재로선 최선입니다. 고준위 폐기장이 전 세계에 단한 개도 없어요. 사고가 나면 사후 대책 비용도 들어갑니다. 핵발전소의 수명이 다 끝나서 폐쇄하는 데도 엄청난 돈이 듭니다. 30층쯤 되는 그 엄청난 돔 건물, 까마득한 그 건물 전체가 핵폐기물이에요. 그냥 깨서 도로에 깔 수 있을까요? 안 됩니다. 그것을 처리하는 비용들이 또 들어가요. 그래서 핵발전소는 만드는 비용 3조 5000억, 없애는 비용이 1조 이상, 이렇다고 보시면 됩니다. 그 돈은 우리가 세금으로 내다가 부족하면 다음 세대에서 계속 채워 나가야 하는 비용이에요.

우리나라의 핵발전소 단가가 싸다고 해서 몇 번이나 정부에 근거 자료를 달라고 했습니다. 그런데 절대 안 내놔요. 국가 기밀이라 내줄 수가 없다고 합니다. 국회의원이 얘기해도 안 내놔요. 즉, 정부에서 근거도 없이 그저 싸다고만 하는 거예요. 어쨌든 핵발전은 태양광 발전보다 비쌉니다. 그나마 재생 에너지 중에서 태양광이 제일 비싸요.

그럼 이제 풍력발전을 살펴볼까요. 독일의 경우, 풍력발전이 20년 사이에 100배나 증가했어요. 우리나라는 어떨까요? 20년 동안 그대로죠. 지금 우리나라의 풍력발전소는 관광지입니다. 얼마나 희귀하면 관광지가 될까요? (웃음) 영덕에 가 보셨어요? 풍력발전소, 멋있습니다. 그런 풍력발전이 전 세계적으로는 1년에 20퍼센트 이상씩 성장합니다. 우리나라는 전혀 성장하지 않고 있습니다.

탈핵이 최고의 안전이다

지금까지 제가 말씀드린 내용을 정리하면, 핵발전소는 위험하다, 언제든 사고가 날 수 있고, 한번 사고가 나면 끝난다, 게다가 비싸다. 그러나 태양광 발전 등 무엇보다 대안이 있다는 겁니다. 환경 운동가로서 말씀드린 측면이 있는데요. 이제 저의 본업인 의사로서 말씀드릴 차례가 된 듯합니다. 바로 핵발전과 건강의 연관성이에요. 잘 아시다시피 핵은 인체에 치명적입니다. 구체적으로 살펴보죠.

백러시아라고도 하는 벨라루스(Belarus)는 체르노빌 핵 사고 때 가장 큰 피해를 본 나라예요. 체르노빌 핵발전소에서 누출된 방사능 물질이 벨라루스 상공으로 날아가 비와 함께 낙진이 되어 떨어졌어요. 국토의 절반 이상이 오염돼요. 갑상선암 환자가 폭증했습니다. 5년 후인 1991년부터 슬슬 발생률이 올라가더니 10년 정도 지나자 상승세가 뚜렷해졌습니다. 그런데 여기서 특징이 여성의 발병 비율이 남자보다 몇 배는 높았다는 겁니다. 그리고 어린이가 어른보다 높아요. 핵이라는 게 참 묘해요. 생명을 죽이는 데 천부적이라고 할까요. 생명 현상 중에서 중요한 것만 딱딱 짚어요. 아기를 낳고 키워야 하는 여성에게 더 고약하게 반응해요. 아주 효율적으로 자기 에너지를 다해서 생명을 말살시키려 듭니다.

히로시마, 나가사키, 체르노빌, 스리마일, 최근의 후쿠시마 등 인류가 핵을 개발한 이후 희생당한 피폭자들이 수백만, 아니 천만 명이 넘어요. 어마어마합니다. 사고가 터지면 대부분 희생자 수나 기형아 출산 같은 당장의 사태에 관심을 보입니다. 그러다 시간이 지나면 잊혀져요. 하지만 피폭의 영향은 아주 오랫동안 느리게 지속됩니다.

당시 피폭당한 사람들을 수십 년간 추적해서 조사한 역학 조사 결과가 있어요. 충분한 데이터를 검토해서 나온 결론입니다. 세계보건기구도 공식적으로 인정했어요. 심지어는 핵 산업계도 인정하고 있어요. 국제원자력기구(IAEA)나 국제방사선방호위원회(ICRP)도 인정해요. 핵발전을 찬성하건 반대하건 상관없이 객관적인 사실로 인정한다는 얘기입니다. 그 조사 결과는 한마디로 '피폭량과 암 발생은 비례한다'는 겁니다.

사고가 나면 당국에서는 실태를 알리기보다는 안심을 시키는 데 주력합니다. "기준치 이하라 안전하다." 가장 자주 듣는 얘기죠? 후쿠시마에서 핵사고가 난 후 저는 수백 번도 더 들었던 말인 거 같아요. 그런데 과연 맞는 얘기일까요? 그때 말하는 '기준치'라는 게 대체 뭘까요?

사실 기준치라는 것은 안전과 상관이 없습니다. 기준치는 의사들이 만드는 게 아니에요. 관련 기관과 공무원들이 만들어 내는 겁니다. 나라마다 사정은 마찬가지예요. 그래서 기준치가 다 다른 겁니다. 일본처럼 한 번에 20배 올리기도 하고, 살짝 내리기도 하고 자기 멋대로 해요. 정부가 결정합니다. 이게 의학적인 근거가 있다면 어떻게 갑자기 20배를 올리겠어요.

우리나라는 먹는 물의 세슘 안전 기준치가 킬로그램당 370베크렐(Bq)[7]이

---

7) 방사능의 양을 나타내는 단위. 1베크렐은 하나의 원자핵에서 1초 동안에 방출되는 양을 말한다. 인체의 피폭 정도를 나타낼 때는 시버트(Sv)를 쓴다.

에요. 일본은 어떨까요? 사고 전에는 우리와 똑같았어요. 그런데 후쿠시마 사고 난 다음에는 500베크렐로 올렸어요. 갑자기 일본인들이 방사능에 대한 저항성이 올라간 걸까요? 그러다가 다시 일본은 100베크렐로 갑자기 낮추었어요. 우리나라도 최근에 100베크렐로 낮추었습니다. 이렇게 갑자기 몇 배씩 올랐다가 내렸다가 하는 것이 의학적 근거가 있는 안전 기준치일까요?

피폭 기준치를 봐도 이해가 안 가긴 마찬가지입니다. 전 세계 기준치가 1밀리시버트(mSv)잖아요. 일본만 특별히 20밀리시버트입니다. 일본 사람들은 정말 특이한 체질인 걸까요? 전혀 아니에요. 이 기준치는 의학적 근거가 없어요. 우리나라 물의 세슘 기준치가 100베크렐이라고 그랬죠? 세계보건기구(WHO) 기준은 10베크렐이에요. 세계보건기구 기준보다 무려 10배 높습니다. 세계적으로 우리나라 사람만 세슘에 강할 리가 없습니다. 그냥 정부가 그렇게 자기들 맘대로 정한 겁니다.

그러니 이 기준치가 도대체 안전과 무슨 관련이 있다는 걸까요? 없습니다. 단지 서로 비교해야 하니까 기준을 정하긴 해야 하는 거예요. 기준치의 10배다, 5배다, 100분의 1이다, 이렇게 비교해야 하니까 필요하긴 하지만 그건 그저 상대적인 수치에 불과합니다. 인체의 안전과는 전혀 상관이 없는 겁니다. 이걸 의학적으로 의미 있는 말로 바꾸면 다음과 같습니다.

"어디에도 안전한 방사능은 없다. 기준치는 인체 안전과 상관이 없다. 안전한 기준치는 0밀리시버트다. 피폭량과 암 발생은 비례한다."

그렇습니다. "기준치 이하라서 안전하다"란 말은 틀린 말입니다. 그런데 사람들은 정부의 이 말에 고개를 끄덕여요. 기준치보다 낮다는데, 안전하다는데 뭐가 문제냐고 말이죠. 일본의 많은 국민들이 방송을 보고 그렇게 생각했습니다. 어차피 떠날 수도 없는 상황인 사람들이었겠지만 바로 그런 생각으로 피신도 하지 않아서 그 자리에서 피폭되고 있어요. 앞으로 일본의 암 발생률은 증가할 것이고, 일부는 그로 인해 사망할 겁니다. 이건 명백한 살인 행위입니다. "기준치 이하라서 안전하다"고 주장하는 사람들은 지금이라도 깊이 반성하고 진실을 말해야 해요.

오랫동안 일본은 힘들 겁니다. 건강이 위협받을 것입니다. 국민이 건강하지 않은데 어떻게 국가가 건강할 수 있겠습니까? 오염된 땅에서 오염된 작물이 나오고 그걸 먹는 국민들이 건강하지 않은데, 어떻게 다시 일어날 수 있겠어요? 그만큼 치명적이에요. 핵 사고는 되돌리지 못합니다.

그럼 우리나라는 뭘 해야 합니까? '탈핵'해야 합니다. 언제 해야 할까요? 사고가 나기 전에 해야 합니다. 탈핵은 가능해요! 독일, 스위스, 이탈리아, 벨기에가 보여주고 있어요. 그 이전부터 탈핵을 외치는 나라들은 꾸준히 있었습니다.

3강
독일에서 찾아본 탈핵의 길

이원영 (수원대 교수, 탈핵에너지전환교수모임 전 총무)

탈핵 견학의 결론은 다음과 같습니다. 탈핵은 양심의 문제라는 거예요. 핵발전은 후대에 대한 반인륜적 행위입니다. 바로 이것을 독일의 윤리위원회도 결론지었어요. 핵발전은 위험하고 비쌉니다. 핵폐기물은 대책이 없고, 사양 산업이며 할수록 손해봅니다. 또 일자리가 적고, 위험 부담이 너무 커요. 그리고 참여를 막고 소수가 정보와 결정권을 독점하는 비민주적인 에너지입니다.

3강_ 독일에서 찾아본 탈핵의 길

안녕하세요. 이원영입니다.

후쿠시마 핵발전소 사고 때 있었던 일을 말씀드리면서 이야기를 시작하겠습니다. 일본에서 핵발전소 사고가 난 후 아는 교수님들과 함께 점심을 먹었습니다. 당연히 핵 사고가 화제로 떠올랐죠. 제가 그랬습니다. 핵발전소를 지으면 안 되겠다고. 그랬더니 이분들이 정색하면서 무슨 소리냐, 대안이 없지 않느냐, 일본에서 터진 핵발전소는 구닥다리라서 그렇다. 한국은 괜찮다고 하시는 거예요. 저는 속으로 깜짝 놀랐습니다.

탈핵의 현장

김익중 선생님 강의에서 핵발전소 사고의 확률 이야기를 들으셨을 텐데요. 후쿠시마에서만 4개의 핵발전소가 터졌습니다. 역사적으로 보면 체르노빌, 스리마일 섬 사고를 더하면 전부 6개가 돼요. 442분의 6 확률로 사고가 났습니다. 이건 지금 지어진 핵발전소 중에서 사고가 날 확률이 그렇다는 거고요. 핵발전소는 계속 지어질 겁니다. 그러면 앞으로 1000년 동안 몇 개가 터질까요? 50년 동안 6개 터졌으니까 1000년이면 20배인 120이라는 수치가 나옵니다. 그 가능성을 반, 아니 반의반으로 줄여도 그게 현실이 된다면 지구는 살 수 없는 곳이 돼요.

간단한 계산인데요. 사람들이 전혀 생각을 못 합니다. 가까운 교수들도 마찬가지였습니다. 그런 이야기를 듣는 순간, 정말 잠이 안 오는 거예요. 도대체 이럴 수가 있나 하면서요. 상식적이고 합리적인 사고를 지녀야 할 대학 교수까지 핵발전소를 찬성한다? 이건 그냥 내버려 두면 안 되겠다고 생각했습니다.

후쿠시마에서 사고가 나기 전까지는 핵발전소 문제는 저와 관계없는 일이었습니다. 하지만 사고 후 모든 게 달라졌어요. 바로 코앞에서 큰 사고가 난 듯한 기분이랄까, 발등에 불이 떨어진 느낌이었습니다. 사고의 추이를 지켜보면서 관련 자료를 찾아보기 시작했습니다. 핵발전소의 위험성을 벗어나려면 어떻게 해야 할까 고민했지요. 그러던 중 독일에서 탈핵 선언을 했다는 이야기를 들었습니다. 바로 저거다 싶었어요. 그래서 직접 독일을 찾아가기로 했습니다.

2011년 5월에 주변 분들께 취지를 설명했더니 뜻을 같이하는 분들이 일주일 만에 20명이 모였습니다. 그해 6월 하순에 그분들과 함께 독일에 갔습니다. 모두가 환경 문제에 적극적인 분들입니다. 오늘은 이때의 경험을 여러분께 말씀드리면서 핵발전 문제에 접근해 볼까 합니다.

에너지 자립의 현장들

독일에 가서 보니 가장 먼저 눈에 띄는 것은 지역마다 에너지 자립을 이루려는 노력입니다. 여러 현장들마다 저마다 특징이 있습니다.

예술인들이 사는 생태 공동체 마을을 둘러보았을 때입니다. 학교 부지를 고쳐서 마을로 만든 곳이에요. 이 마을의 건물은 독특합니다. 지붕에 풀밭을 깔고 태양열 패널도 깔았어요. 풀이 단열 효과를 낸다고 합니다.

　독일의 친환경 수도라 불리는 프라이부르크(Freiburg)에도 갔습니다. 이곳은 체르노빌에서 핵 사고가 나자 시의회에서 탈핵을 선언합니다. 에너지와 교통 등 환경 전반에 대해 종합 대책을 수립하면서 에너지 자립 도시를 추

베를린 예술인 공동체 마을의 지붕.

프라이부르크 집집마다 설치되어 있는 태양광 패널.

진해요. 특히 태양에너지 개발에 주력합니다. 지금은 집집마다 태양광 패널이 설치되어 있어요.

제가 주목한 것은 이러한 대체 에너지 시설이 창출하는 경제적 효과였습니다. 태양광 전지패널을 제작하고 유통, 설치, 관리하는 과정에서 고용 창출 효과가 대단하다고 해요. 지금 독일에는 태양광을 비롯한 대체 에너지 관련 일자리가 37만 개나 된다고 합니다. 12년간 6배 가까이 늘었어요. 요즘 일자리가 없어 고민하는 우리나라도 꼭 참고해야 할 사례라고 봐요.

또 하나 인상적이었던 것은 수동 펌프였습니다. 마중물 펌프라고 부르기도 하는데 지하수 관을 이용한 거예요. 그걸 보니 한 가지 생각이 떠올랐습니다. 제가 도시 계획을 전공하다 보니 그런 걸 보면 상상의 나래가 펼쳐져요. 만약 우리나라에 일본 같은 대지진이 발생한다면 어떻게 될까요? 우리나라도 지금은 내진 설계를 하고 있습니다만 예전 건물들은 지진에 취약합니다. 강도를 조금 낮춰 서울 시내에 진도 5.0 지진이 발생한다고 가정해 보았어요. 학자들은 30퍼센트를 제외한 나머지 건물들에서 문제가 생길 거라

프라이부르크 보봉지구내의 인상적이었던 옛 수동펌프.

고 합니다.

건물 자체도 문제지만 가장 큰 문제는 바로 식수 공급 즉, 상수도관이에요. 상수도 파이프가 정상적으로 가동할 가능성이 별로 없습니다. 그럼 당장 어떻게 돼요? 인간이 살아가는 데 필수적인 요소인 물의 섭취가 어려워집니다. 이재민들을 위한 급수차도 도로가 끊겨 올 수 없습니다. 지역 자체가 완전히 고립된 상태예요. 누군가 지하수를 끌어올리는 방법을 생각해 냅니다. 그런데 지진으로 모든 것이 파괴되어 전기도 제대로 공급이 안 됩니다. 전동 펌프를 쓸 수도 없는 상황이에요.

수동 펌프를 보면서 그 생각을 했습니다. 수동 펌프를 이용하면 언제 어떤 상황에서도 물을 확보할 수가 있어요. 돈도 별로 안 듭니다. 우리나라도 예전에 썼어요. 지금도 시골에서는 이걸 쓰는 곳이 있는지 모르겠네요. 요즘은 다양한 형태의 수동 펌프가 있습니다. 모양은 다르지만 원리는 같아요. 이런 걸 적정 기술(appropriate technology)이라고 해요. 현지의 환경과 맥락을 고려해서 적용되는 기술이지요. 프라이부르크에는 이런 노력을 통해 친환경 도시의 면모를 갖추고 있습니다.

지속 가능한 에너지

독일의 소도시 징엔(Singen)에는 솔라콤플렉스(solar complex)라는 기업이 있습니다. 주민들이 자발적으로 설립한 에너지 기업이에요. 솔라콤플렉스는 징엔의 모든 에너지를 재생 가능 에너지로 전환하고 있습니다. 주변에는 집집마다 태양광 패널을 달았는데, 이걸로 전기를 생산하고 난방과 취사는 전부 바이오매스로 합니다.

바이오매스의 재료는 두 가지가 있는데, 하나는 축산 분뇨입니다. 여기서 나오는 가스를 난방에 활용하고요. 또 하나는 목재예요. 이걸 태워서 난방과 취사를 해결하는 겁니다. 남는 전기는 팔아서 돈을 벌어요. 정부에서 높은 가격으로 삽니다. 그래서 농촌 마을인데도 아주 잘살아요. 마을 곳곳에서 바이오매스를 만드는 분뇨 숙성 창고와 풍력발전기를 볼 수 있었습니다.

독일이 이렇게 대체 에너지, 재생 에너지에 적극적인 건 바로 체르노빌 사고 때문입니다. 체르노빌이 독일에서 약 1000킬로미터 떨어져 있는데, 대략 부산과 후쿠시마 사이 거리예요. 서울과 후쿠시마도 1000킬로미터쯤 떨어져 있지요. 체르노빌 사고로 독일이 낙진 피해를 많이 봤어요. 독일 전체가 핵 반대 여론으로 들끓었습니다. 이를 계기로 꾸준하게 사회적인 변화가 있었어요. 그중 가장 중요한 것은 독일 사람들이 핵발전소를 기술이나 문명, 경제 같은 문제가 아니고 윤리의 문제로 규정했다는 거예요. 인간적으로 옳지 않다는 거예요.

핵발전은 100퍼센트 안전 기술을 확보한다고 해도 궁극적으로 핵폐기물의 문제가 남아요. 이것을 안전하게 관리하고 보관할 수 있는 과학적인 이론과 방법이 없습니다. 지금까지 아무런 답이 없어요. 이런 상태에서 계속 핵발전소를 짓고 있는 겁니다. 그래서 어떤 이들은 핵발전을 화장실 없는 집에 비유합니다. 기본이 안 되어 있는 거잖아요. 미래에 벌어질 일이니 나 몰라라 하는 겁니다. 우리 세대가 지금 당장 잘 먹고 잘살자고 대책 없는 핵폐기물을 만들어 냅니다. 후손들한테 너희가 알아서 해결하라는 거예요. 후손과 인간에 대한 폭력입니다. 말로는 우리 가족을 위한 일이라고 하면서 부모가 자식한테 빚을 떠넘기는 거와 뭐가 다릅니까?

대책을 세워야죠. 안전하게 폐기물을 처리할 기술을 확보한 다음에 지어도 늦지 않아요. 그런데 왜 이렇게 서두르는 겁니까. 언제부터 인류가 핵발전소를 사용했습니까? 옛날에 호롱불 켜고 다 잘 살았잖아요. 지금부터라도 여기에 대한 진지한 토론이 있어야 합니다. 그런 의미에서 독일의 사례는 시사하는 바가 커요. 그들은 민주적인 방법을 통해 해법을 찾습니다.

2009년 독일 보수당인 기독민주연합의 메르켈 총리는 연임에 성공하자 경제 논리를 내세우며 이듬해 핵발전소의 수명 연장을 추진했습니다. 그전까지 녹색당을 비롯해 친환경을 주장하는 정치인들이 핵발전소를 폐쇄하는 쪽으로 정책을 잡았는데, 메르켈이 그걸 뒤엎은 거예요. 그러다 후쿠시마에서 핵 사고가 나자 메르켈은 궁지에 몰립니다. 메르켈도 어쩔 수가 없는 상황이 된 거예요. 시민 사회가 메르켈 총리에게 윤리위원회를 만들고 거기에서 검토한 결과를 그대로 수용하라고 요구했어요. 메르켈은 이를 수용합니다.

각계각층 사람들로 구성된 '안전한 에너지 미래를 위한 윤리위원회'에서 8주 동안 토론을 했어요. 이 중에는 찬성하는 사람도 있고 반대하는 사람도 있고 종교인도 있고 그렇지 않은 사람도 있었습니다. 여기서 2022년까지 핵발전소를 완전히 폐쇄하기로 합니다. 위원회는 그 결과를 토대로 보고서를 작성하고 하원의원들이 이 건의에 압도적으로 찬성합니다. 이것이 독일 탈핵 선언의 배경입니다.

당시 위원회가 탈핵을 결정하는 데 공헌한 베를린자유대 미란다 슈로이어 교수는 국내 언론사와의 인터뷰에서 한국의 핵발전 의존도를 지적하며 재생 에너지가 일자리 창출의 새로운 기회라고 역설하기도 했습니다.

에너지 효율을 높여 소비를 줄인다

방문팀은 또 독일 연방환경부 재생 에너지 정책관인 프란츠요셉 샤프하우젠 씨를 만났습니다. 그분을 모시고 독일의 에너지 정책에 대해 세미나를 했어요. 그 자리에서 이분이 2050년까지 독일의 에너지 소비를 1990년 대비 50퍼센트 감축하겠다고 말해요. 그리고 재생 에너지 비율을 80퍼센트로 올리겠다는 게 목표라고 말합니다.

제가 그때 베를린에 도착한 게 오후 8~9시쯤이었는데 시내가 깜깜해요. 우리나라 시내라면 한참 휘황찬란할 때잖아요. 베를린 시내 한복판에 갔는데도 깜깜합니다. 밥을 먹으려고 식당에 들어가니까 테이블마다 촛불을 켜 놨어요. 세미나할 때도 우리처럼 실내가 밝지 않았어요. 꼭 필요한 조명만 쓴다고 합니다. 여름이었는데 에어컨도 안 틀었습니다. 대신 건물 내부 공기의 흐름을 잘 조정해서 항상 신선한 공기가 흐르도록 한다는 거예요. 에어컨을 안 틀었는데도 선선했습니다.

혹시 독일 가보신 분은 아시겠지만 그쪽 건물은 단열이 확실해요. 겨울철에는 창틈으로 찬바람이 전혀 안 들어옵니다. 자기들은 에너지를 많이 소비하는 대신 철저한 관리를 통해 효율을 높인다고 합니다. 이미 각처에서 에너지 절약을 실천하고 있었던 거예요.

그런데 궁금했습니다. 왜 하필이면 목표 연도가 2050년일까? 독일에서는 그때가 대부분의 건물이 리모델링되는 시기랍니다. 완전 석조 건물이 아니라면, 그리고 옛날에 지은 건물이 아니라면 그때쯤 개보수를 하거나 새로 지어야 한다는 거예요. 이를 계기로 기존 건물을 패시브 하우스[8] 개념으로 전환한다는 겁니다. 에너지 감축에서 가장 중요한 부분이 건물의 단열이거든요.

다음으로 독일자연보호연맹 분트(BUND)의 대표 바이거 교수를 만났습니다. 1975년 창설돼서 현재 회원 50만 명인 독일 최대의 환경 조직이에요. 바이거 교수는 뮌헨 공대에서 임학을 전공하신 분인데, 이분을 만났을 때 이런 말씀을 합니다. "2022년은 너무 멀다. 바로 폐쇄를 해야 한다"고 말이죠. 핵발전은 정상적으로 운영되어도 위험하다는 거예요. 지금 당장 중단해도 핵폐기물이 나오는데 계속 운영할 때 쏟아질 핵폐기물을 어떻게 해결할 것인가라는 문제를 제기합니다. 대체 에너지가 있으니 핵발전에 연연할 필요가 없다고 해요.

자, 독일의 전체 에너지 정책 시나리오는 대체로 이렇습니다. 핵발전을 줄이고, 부족분은 가스와 석유로 대체하면서 점차 수력, 풍력 같은 자연 에너지는 늘려간다. 그래서 2050년이 되면 핵발전은 0퍼센트, 수력, 풍력, 태양 에너지로 약 45퍼센트, 석유, 가스는 조금만 쓰고, 나머지 50퍼센트는 에너지 효율화와 절약으로 해결하겠다는 거예요. 정말 대단한 비전이죠?

그런데 현실적으로 이게 가능할까요? 우리가 만났던 생태연구소 펠릭 마테스 박사는 한 술 더 떠서 2050년까지 80퍼센트가 아니라 100퍼센트를 재생 에너지로 대체하는 것이 가능하다고 주장해요.

이분은 특히 기후 변화에 관심을 많이 보였습니다. 2050년까지 독일이 배출하는 온실가스를 80~95퍼센트 줄이는 것을 목표로 삼고 있다고 해요. 이를 위해서는 첫째로 에너지 효율을 높이고 대중교통 이용을 늘리는 것이 중요하다고 합니다. 두 번째로는 육식 위주의 식습관을 바꿔 메탄가스 배출을 줄이는 것이라고 말합니다. 덜 소비하는 삶, 재생 가능한 에너지 쪽으로

8) 패시브 하우스(passive house): 최소한의 냉난방으로 적정한 실내 온도를 유지하도록 설계된 주택.

가야 한다는 것이 핵심이에요. 그리고 재생 에너지에서 가장 중요한 것은 풍력, 다음이 태양광, 그다음으로 비중이 낮은 것이 바이오매스와 지열이라고 했습니다. 또 전력 저장 기술도 개발해야 하는데, 예를 들면 물을 전기 분해해서 수소를 만들고 나중에 수소를 이용해 전기를 얻는 식으로 효율성을 높인다는 겁니다. 매우 구체적인 시나리오를 갖고 있었어요.

소아과 의사가 세운 태양광발전소

독일에서 사람들을 만나고 현장을 둘러보면서 가장 흥미로웠던 것은, 이러한 변화에 지역 주민들이 주도적으로 참여한다는 거예요. 바로 탈핵의 성공 비결이 아닐까 싶어요. 우리나라에도 생태 마을이 하나 둘 등장하고 있는데요. 꼭 참고해야 할 부분이라고 생각했습니다.

제가 함부르크 지하철역에서 아주 재미난 걸 봤습니다. 광고판인데 맨 위

함부르크 지하철의 재생 에너지 발전소 건립 기업인 '프로콘'의 광고

왼쪽에 원자력 표시가 그려져 있어요. 그런데 자세히 보니 오른쪽으로 갈수록 모양이 바껴요. 프로펠러처럼 도는 모양으로요. 그러다 점점 가늘고 길어지더니 나중엔 풍력발전소 표시가 됩니다.

1995년 설립된 재생 가능 에너지 발전소 건립 기업 프로콘(PROKON) 광고입니다. 독일에서도 아주 잘나가는 회사예요. 직원 수 1000명이 넘는 중견기업이지요. 광고에는 100유로 이상을 투자하면 8퍼센트 이상의 수익률을 보장한다는 내용이 함께 적혀 있었습니다.

재생 에너지가 경제적인 이익을 안겨준다는 메시지를 거기서 보았습니다. 어떤 기업에 투자하고 무엇으로 수익을 남기느냐는 굉장히 중요한 것 같았습니다. 돈이 된다면 지구를 오염시키든 말든 상관없다는 관점이 서서히 바뀌고 있는 겁니다. 프로콘 같은 기업이 계속 성장해 갈 수 있는 데에는 독일 국민들의 환경에 대한 의식이 한몫한다고 생각했습니다.

태양광 시민발전소도 이를 잘 보여주는 사례입니다. 독일은 북쪽보다 남쪽이 잘사는 편인데, 이 남부에 바덴뷔르템베르크 주가 있어요. 여기에 여러분이 잘 아시는 메르세데스벤츠 같은 회사들이 많아요. 서울로 치면 강남입니다. 그런데 이 부촌에서 녹색당 출신이 주지사가 됩니다. 전통적으로 돈이 많은 사람들은 독일이나 한국이나 보수당을 지지합니다. 그런데 마치 강남에서 진보당 국회의원이 당선된 것과 같은 기적적인 일이 벌어진 거예요. 바로 후쿠시마 핵 사고 때문이지요.

지금 이곳 공무원들은 많이 힘들어합니다. 그동안 보수당 출신 주지사 밑에서 일하다가 완전히 새로운 생각과 정책을 가진 주지사가 오니까 적응이 안 되는 거예요. (웃음) 이곳 바덴뷔르템베르크에 타우버 솔라(Tauber Solar)라는 회사가 있었습니다. 특이한 점은 이 회사가 설립 초기에 '시민 주식'으로 태양광발전소를 짓기 시작했다는 겁니다.

이 회사를 세운 사람은 레온하드 하프 씨라고 소아과 의사 출신이에요. 어느 날 자기 집 지붕에 태양광발전 시설을 설치하다가, 이게 돈이 되겠다는 생각을 합니다. 사업성이 있다고 판단한 거예요. 그는 2001년부터 투자자를 모집해서 북부 독일 지역을 중심으로 8개의 발전소를 세웁니다. 실제 높은 수익률이 나자 투자자가 계속 들어와요. 결국엔 시중 은행들이 달려들기 시작합니다. 지금은 독일은 물론 스페인, 이탈리아 등 유럽 전역에 원격제어 시스템으로 조종하는 태양광발전소를 100개 이상 운영하는 중견 기업으로 성장했습니다.

프라이부르크 주에 가서는 헬리오트로프(Heliotrop)라는 집을 구경했습니다. 독일의 유명한 건축가 롤프 디쉬가 설계한 태양광 주택이자 예술 스튜디오로, 겨울철에는 유리면이 태양을 향하고, 더운 여름철에는 단열 효과가 높은 벽이 태양을 차단하는 식으로 계절에 따라 바뀌는 집이에요. 이처럼 독일 전역에서 재미있고 실험적인 에너지 자립 프로젝트가 진행되고 있었습니다.

헬리오트로프 전경.

앞에서 패시브 하우스(passive house) 말씀드렸죠. 비슷한 개념으로 제로 에너지 빌딩(Zero Energy

Building)이라는 게 있어요. 에너지 소비량이 '0'인 주택입니다. 단열재 등을 통해 외부로 유출되는 에너지를 최소화하고 지열이나 태양광 등으로 냉·난방, 전력, 취사 등을 모두 해결하는 개념입니다. 세계적으로 연구가 한창이에요. 이 밖에도 프랑스의 에너지 플러스 오피스(energy plus office), 영국의 시스 솔라 타워(CIS Solar Tower), 일본의 솔라 아크(Solar Ark), 독일의 클리마하우스(Klimahaus) 같은 프로젝트들이 자체적으로 벌어지고 있어요. 이산화탄소 프리(free) 대학이라고, 이산화탄소를 발생시키지 않고 자체적으로 에너지를 자립하는 대학 프로젝트도 있어요.

한편에서는 다양한 실험이 계속되고 다른 한편에서는 상업적으로 성공한 사례들이 나와요. 이런 추세는 앞으로도 계속될 겁니다. 재생 에너지는 이미 독일 경제에서 상당한 비중을 차지하고 있습니다. 어느 분야든 투자할수록 기술은 발전합니다. 그럼 단가나 비용이 내려가겠죠. 해당 분야의 효용성이 높아집니다. 여러분 지금 스마트폰을 보세요. 아이폰 이후 얼마나 눈부신 성장이었습니까. 하룻밤 사이에 최고 성능의 다양한 제품들이 시장에 쏟아집니다. 재생 에너지 분야도 마찬가지일 거로 생각합니다. 소위 말하는 블루오션이 된 거예요. 태양광 패널은 기술 개발이 눈부십니다. 2012년 말만 하더라도 전기 전환 효율이 16퍼센트 수준이었던 것이 반년 만에 24퍼센트까지 1.5배나 급상승했어요.

에너지 정책은 고도의 경제 정책

제가 독일을 한번 다녀오고 나서 다음 해 2월에 다시 2차 견학을 갔다 왔습니다. 에너지 전환의 권위자인 베를린자유대학의 러츠메츠 교수 강의를 베를린에서 들었습니다. 이분 말씀이, 40년 후면 우라늄이 고갈된다는 거예요. 지금까지 채굴해서 소모한 우라늄이 250만 톤이고, 남은 것이 120만 톤이라고 합니다. 새롭게 우라늄광을 찾아 나선다 해도 그 비용이 비쌀 거라고 합니다. 30년 후 우라늄 값이 폭등하는 시뮬레이션 그림을 우리에게 보여 주었어요. 그래서 이분은 핵발전을 하향 산업, 사양 산업이라는 결론을 내립니다.

이 분은 또 답이 없는 핵폐기물 문제와 함께 핵테러가 발생할 가능성을 경고합니다. 2001년 9·11테러 때 테러범이 남긴 기록에 의하면 원래는 핵발전소를 공격할 예정이었대요. 그런데 경비가 삼엄하고, 접근이 어려울 거 같아 목표물을 무역센터로 바꿨다고 합니다. 그런데 사실 당시 미국 내 핵발전 시설은 거의 무방비 상태였어요. 지금 생각해도 아찔한 일입니다.

프랑스는 항상 테러 대상이 되는 나라예요. 핵발전 의존도가 75퍼센트로 미국에 이어 두 번째로 핵발전소를 많이 지은 나라예요. 이걸 테러 대상으로 삼는다면 대책이 없어요.

그다음에 독일 국회의사당에 갔어요. 아시다시피 독일은 대통령보다 국회의 권한이 더 셉니다. 실질적인 권력의 심장부라고 할 수 있죠. 거기에서 녹색당 에너지 정책 담당 랄프 슈미트 씨의 강의를 들었습니다. 그는 에너지 정책은 고도의 경제 정책이라고 했습니다. 국가가 대체 에너지 생산 비용을 보조하면서 이를 통해 고용을 창출하게 한다는 거예요. 실제로 독일에선 37

만 개의 일자리가 그렇게 만들어졌다고 합니다.

베를린을 떠나서 제그(ZEGG)라는 데를 갔습니다. 앞에서 예술인 마을 생태 공동체도 말씀드렸는데, 여기도 일종의 생태 공동체예요. 재미있는 점은 여기는 다른 공동체보다 가족적이라는 거예요. 전체가 공동의 가족처럼 삽니다. 사회적인 집단 의식이 강하고 철저하게 생태적인 삶을 추구합니다.

여기엔 동독 정보 기관 건물을 개조해서 만든 집이 있습니다. 오래전 건물이라 그 자체로는 단열이 잘 안 된대요. 그런데 이 평범한 시멘트 건물 벽에 넝쿨 식물이 자랍니다. 이게 여름에 단열을 제대로 해 준다네요. 공동체에서는 또 정부의 지원을 받아서 기존에 있던 건물 전체를 패시브 하우스로 개조했어요. 태양광 패널을 달고 단열재로 꼼꼼하게 마감했습니다. 근거리에서 얻은 목재로 난방을 해요. 그리고 여기 거주하는 분들이 명상하는 모습을 볼 수 있습니다. 참 평화로워 보였어요.

여러분, 혹시 하멜른이라는 도시 아세요? 우리가 익히 알고 있는 동화 『피리 부는 사나이』의 배경이 된 곳입니다. 그림책에서 본 것처럼 쥐들이 들끓

베를린 부근의 유명한 생태 공동체 제그.

는 음습한 거리가 떠오르지요? 하지만 현실의 하멜른은 인구 5만의 아주 밝고 깨끗한 도시였습니다.

여기도 태양광에너지를 많이 사용합니다. 흥미로운 점은 하멜른 시에서 직접 상담을 해 준다는 거예요. "당신 집 지붕에 태양광 패널을 설치하면 얼마의 이익이 남습니다." 또는 "당신 집은 오히려 손해군요." 하는 식으로 시뮬레이션해서 그 결과를 보여 줍니다.

그뿐만 아니라 "이 컴퓨터 화면의 빨간색 표시의 지붕은 햇빛을 잘 흡수하니까 여기엔 설치해도 돈이 남아요. 하지만 노란색은 안 돼요." 이렇게 주민들에게 태양광 패널 설치에 대한 정보를 제공합니다. 여러분이라면 어떻겠어요. 시 공무원이 제시한 조건이 나에게 유리하다면, 태양광 패널을 설치하면 매년 얼마의 이득을 본다고 수치까지 들어가며 알려준다면, 당장에라도 설치하지 않겠어요? 우리나라처럼 하면 안 되는 걸 단속하는 게 아니라 어떻게 하라고 알려 주는 겁니다. 이런 게 진짜 관청에서 해야 할 일입니다.

하멜른을 보고 나서 인구 32만 명의 빌레펠트 시를 갔습니다. 여기는 핵발전 의존도가 현재 50퍼센트예요. 그런데 2018년에 핵발전 의존율을 제로로 만들고 대체 에너지를 쓰겠다는 계획을 갖고 있습니다. 6년 만에 50퍼센트를 다른 에너지로 바꾸겠다는 거예요. 엄청난 포부입니다.

이것을 가능하게 할 수 있는 것은 가스예요. 풍력, 태양광, 지열을 주로 쓰되, 가스로 전기량을 일정하게 유지하는 걸 기본 콘셉트로 하고 있어요. 전기가 끊기면 안 되잖아요. 태양광발전의 들쭉날쭉한 전기 생산량과 유지해야 할 선 사이의 차이를 순발력 있게 메워 줘야 합니다. 기저부하라고 해서 전기 공급을 일정한 수준으로 유지하는 것이 중요한데, 석탄발전소나 석유발전소는 그러기에는 기동성이 부족하답니다. 가동했다가 멈추고 다시 가동하는 데 시간이 많이 드는 거예요. 대신 가스는 기동성이 아주 좋다고 합니다. 태양광으로 생산한 전기가 부족해졌을 때 이걸 가동해서 바로바로 메우는 거죠. 기저부하를 제대로 받쳐주기 위해 에너지 공급을 시스템화, 인공지능화 한다는 것인데, 이걸 스마트그리드라고 하지요. 언제 어디든지 빈틈이 없도록 하는 조직화가 중요합니다. 핵발전을 대체할 힘이 여기에서 나오는 거예요.

유럽 전역에 전기를 수출하는 독일

독일의 그린피스는 회원 수가 50만 명이 넘습니다. 예산도 1년에 3,500만 유로나 된다고 해요. 1인당 50~100유로를 연간 회비로 내는데, 어림잡아도 우리 돈으로 500억 원이 들어옵니다. 굉장히 부럽습니다.

두 번째로 독일을 방문했을 때 그린피스의 재생 에너지 총괄국장인 스벤 테스크 씨를 만나서 강의도 듣고 대담도 했는데요. 에너지 혁명, 에너지 진화, 에너지 효율 같은 키워드를 가지고 이야기를 했어요. 그때 재생 에너지는 갈수록 비용이 절감되고 핵발전은 갈수록 비용이 증가한다는 말을 해요. 이분 말에 의하면 전 세계 에너지 시장이 해마다 약 10만 메가와트 규모로 성장하는데, 그중 4만 메가와트가 풍력발전이라고 합니다. 성장 속도가 가장 빠른 분야라고 해요.

독일에 있을 당시 제가 모 국내 언론사 기자로부터 받은 질문이 있었는데요. 최근 한국의 찬핵 단체에서 핵발전소를 포기한 독일이 전기의 80퍼센트를 핵발전으로 생산하는 프랑스에서 전기를 사다 쓰고 있다고 선전한다고 해요. 이 과정에서 전기료가 23퍼센트 폭등했고, 핵발전 종사자 1만 1000명이 실직했다고 주장하면서, 이때 한국이 과감히 핵발전에 투자하면 값싼 전기료로 전 세계 기업을 한국으로 유치하여 일자리 창출이 가능하다고 했답니다. 잘 됐다 싶어 테스크 국장에게 물었습니다.

테스크 국장 대답은 한마디로 사실과 다르다는 것이었습니다. 오히려 전력 탄력성이 부족한 프랑스에서 독일의 전기를 사간다는 거예요. 웹페이지를 통해서 실시간으로 확인할 수 있다고 합니다. 독일은 지난 한 해 60억 킬로와트 가량의 전기를 유럽 전역에 수출했습니다. 이것은 한국에서 작년에 고리 2호기가 생산한 것보다 많은 양입니다. 사민당–녹색당 연립정부 당시의 재생 에너지법(EEG)에 의해 촉발된 재생 에너지 붐 때문에 지난 2002년부터 전력 수출량이 꾸준히 증가해 왔다고 해요.

반면 프랑스는 OECD 국가 중 미국, 일본, 독일, 한국, 이탈리아에 이어 6번째로 에너지 수입이 많은 나라예요. 전기 생산의 핵발전 의존도가 80퍼센트에 이르지만 전기 과소비 패턴이 구조화돼서 소비량이 많은 겨울철에는 주변 나라들로부터 전기를 수입하고도 부족해서 2009년에는 제한 송전을 감행할 수밖에 없었던 처지거든요.

일본은 54개의 핵발전소가 29퍼센트의 전기를 공급했는데, 지금 2개만 가동하고 있는데도 그럭저럭 버티고 있어요. 그렇다면 전력 수요라는 수치에 뭔가 문제 있는 겁니다.

일자리 문제도 그렇습니다. 독일은 재생 에너지 분야에 37만 명의 일자리 참여가 이루어지고 있으며, 점점 늘어나고 있답니다. 오히려 실직자들은 대형 전기 공급 업체의 경우를 말한다고 합니다. 이 업체들은 최근 사유화되었는데, 새로운 에너지 생산 방식을 받아들이지 못하고 시장 점유율이 떨어지자 해고를 단행한 거래요. 탈핵과는 상관이 없다는 겁니다. 테스크 씨는 이렇게 진실을 말해 줬어요.

세계 각국의 경험을 통해 살펴보면 재생 에너지 발전 단가는 기술 발전으로 계속 내려가고 있는 반면, 핵발전은 사고 위험으로 인한 추가 비용 상승이 불 보듯 뻔합니다. 독일은 작년 한 해 전력거래소 상 전기 가격이 변동이 없었던 반면, 일본은 후쿠시마 핵 사고로 향후 2년간 피해 보상 비용만 6조 엔이고 방사능 제염 비용은 아직 계산조차 못 하고 있지만 천문학적인 금액이 될 것은 분명합니다. 한마디로 핵발전은 경제적으로든 뭐로든 희망이 없는 산업입니다.

에너지 전환과 삶의 양식 변화

우리가 지금은 에너지 문제에 집중해서 이야기하는데, 근본적으로 개선하려면 우리 삶의 양식을 바꿔야 합니다. 에너지 자립뿐만 아니라 물과 식량에 대해서도 인식을 바꿔야 해요. 사람이 생존하는데 물, 식량, 에너지 이세 가지가 핵심이잖아요? 도시의 삶은 이 중 어느 것 하나도 자립적으로 해결하지 못해요. 전부 외부에서 끌어다 소모합니다. 도시가 주변부를 착취하는 시스템인 거예요.

지금 같은 방식이 계속되면 희생은 계속됩니다. 누군가는 불이익을 받을 수밖에 없어요. 밀양 송전탑 사태 아시죠. 한전의 고압 송전선로 공사 강행에 주민들이 항의하다 결국 이치우 씨가 분신 사망하는 사태에 이릅니다. 왜 하필 경남 밀양일까요? 신고리에 건설 중인 핵발전소 때문입니다. 이 지역에서 생산된 전기를 수도권으로 보내려면 꼭 송전탑이 필요한 거예요.

도시는 마치 블랙홀처럼 주변의 에너지, 식량, 물을 끌어들입니다. 밀양 같은 지역이 그 희생이 되는 거예요. 이걸 막으려면 단위 내에서 자체적으로 해결해야 합니다. 그래야 순환적인 삶이 가능하고, 순환적인 공간이 가능하다고 봅니다.

물은 수원지가 따로 있어서 어려운 부분이 있습니다. 빗물 저장도 해야 하고, 지하수 문제도 관리를 잘해야 하고, 또 도시 하천 문제도 해결해야 하고, 상하수도 문제도 있고요. 이렇게 기술적으로 복잡한 게 많아요.

간단한 것은 식량입니다. 도시 농업이라는 말 들어보셨죠? 땅만 있으면 재배할 수 있습니다. 도시 안에서 농사를 짓는다는 것은 자연적인 건강성, 자연적인 공간을 회복한다는 의미입니다. 흙을 만짐으로써 생명을 이해하고 새로운 체험을 하면서 도시 공동체에서의 인간적인 감성이나 교류 같은 것을 할 수 있죠. 지금까지의 도시적 삶과는 다른 새로운 가능성이 열리는 거예요. 삶 자체가 풍요로워집니다.

저는 그동안 텃밭 농사를 직접 지어 봤기 때문에 그 재미가 다른 어떤 것보다 크다는 것을 잘 압니다. 자신이 직접 씨를 뿌리고 키우고 수확해서 먹잖아요. 생명을 키우면서 얻는 보람이라는 건 대단히 강렬하거든요. 미국의 교도소에서 난폭한 죄수들한테 텃밭 관리를 맡겼더니 재범률이 낮아졌다는 연구 결과도 있습니다. 사람의 인생이 부드러워져요.

학교 문제도 이런 관점으로 접근해 볼까요? 요즘 학교 폭력이 문제시되고 있잖아요. 이런 것들도 아이들에게 생명의 소중함을 알려 줌으로써 풀어나갈 수 있다고 생각합니다. 텃밭을 가꾸고 생명의 탄생과 성장을 지켜보는 경험을 하도록 하는 겁니다. 분명히 효과가 있을 겁니다.

도시 농사의 좋은 점은 또 있습니다. 로컬푸드라는 말 들어보셨죠? 자기 지역에서 생산한 먹거리입니다. 멀리서 들여올 때보다 이산화탄소 발생량을 크게 줄일 수 있습니다. 화석 연료를 이용한 운송 수단을 쓸 일이 없잖아요. 방부제도 필요 없습니다. 신선하고 안전한 먹거리입니다. 도시 농사에는 이러한 로컬푸드의 장점이 고스란히 적용됩니다. 그리고 고용도 창출할 수 있어요. 개인이 새로운 직업을 스스로 만들어 낼 수도 있을 거예요. 일자리 자체의 다양함을 줄 수도 있는 거죠.

다시 독일 얘기로 돌아갈게요. 이번에는 함부르크 시청에 갔습니다. 가니까 공무원들이 기후 조건별로 어떤 에너지를 선택하는 것이 유리한가를 분석해 줘요. 함부르크가 조성 중인 하펜시티 친환경 전시관도 갔습니다. 골판지로 간판도 만들고 폐자재를 이용한 서랍도 있어요. 서랍 안엔 하펜시티 안내 자료가 들어 있습니다. 조그만 건물인데도 에너지 관리 현황을 실시간으로 확인할 수 있는 시스템이 정교하게 갖춰져 있어요. 정보를 주면 상황에 따라 선택을 할 수 있습니다. 무턱대고 이렇게 저렇게 하자고 하는 것보다, 이런 식으로 에너지의 흐름을 알려 주는 게 더 효과적인 거 같았어요.

에너지 절약도 생산만큼이나 중요한 부분입니다. 이와 관련해서 일본 아이치 현 신시로 시에서는 최근 절전소라는 것을 만들었습니다. 전기를 아끼는 것도 발전과 마찬가지 개념이라는 거예요. 이 곳에서 에너지 절약 교육이나 진단 등을 합니다. 도시 자체를 절전소로 만들자는 거죠. 우리나라에서도 지금 절전소가 하나 둘 늘고 있습니다.

탈핵은 양심의 문제다

지금까지 말씀드린 탈핵 견학의 결론은 다음과 같습니다. 탈핵은 양심의 문제라는 거예요. 핵발전은 후대에 대한 반인륜적 행위입니다. 바로 이것을 독일의 윤리위원회도 결론지었어요. 핵발전은 위험하고 비쌉니다. 핵폐기물은 대책이 없고, 사양산업이며 할수록 손해를 봅니다. 또 일자리가 적고, 위험 부담이 너무 커요. 그리고 참여를 막고 소수가 정보와 결정권을 독점하는 비민주적인 에너지입니다. 이와 반대로 재생 에너지는 안전하고 경제적입니다. 공짜예요. 100퍼센트는 아니지만요. 자연과 공생하는 성장 산업이며, 할수록 이득입니다. 일자리가 많이 늘어나고 위험하지 않아요. 독일 농촌 마을 등의 사례에서 보았듯이 생산 지역 주민들에게 이득을 줍니다. 그리고 함께 참여하고 결정할 수 있는 민주적인 에너지예요.

그렇다면 어떻게 탈핵을 해야 할까요? 방법은 많습니다. 독일이 좋은 예를 보여 주잖아요. 우리도 그렇게 하면 됩니다. 미래의 경제는 탈핵에 달렸습니다. 지금까지 핵발전소의 역사를 보면 핵발전소는 죽은 경제고, 핵발전소의 경제는 희망이 없다는 결론이 바로 나옵니다.

우리나라도 나서서 핵을 추방해야 합니다. 지금 전기의 20퍼센트 정도만 핵발전소가 공급하고 있는데, 이런 정도 때문에 국토와 민족이 목숨 걸 이유가 전혀 없는 것이죠. 이 정도야 마음만 먹으면 얼마든지 전환이 가능하잖아요. 그리고 이웃 나라를 설득하는 겁니다. 우리나라는 계속 새로운 핵발전소를 지으면서 중국한테만 그만두라고 할 수 없잖아요. 우리 먼저 실천해야 동북아시아가 핵으로부터 자유로워집니다.

질문: 정보 자체를 막는 것도 문제지만 조작하거나 왜곡하는 것도 문제라고 생각합니다. 이 부분에 대해서는 어떻게 생각하시는지요.

답변: 비판적으로 받아들이는 태도가 중요합니다. 핵발전의 장점만 홍보하는 내용을 그대로 받아들여서는 안 돼요. 핵발전이 그토록 경제적이고 깨끗한 에너지라면 왜 여러 나라에서 손을 떼고 있겠습니까. 일본 후쿠시마에서 생산된 농산물이 안전하다면 왜 세계 여러 나라에서 수입 금지 조치를 하겠어요. 상식적으로 생각해도 금세 허구성을 깨달을 수 있습니다. 그리고 관련 분야에 종사하는 분들, 이분들이 나서서 올바로 된 정보를 알려야 합니다. 진실의 전파력은 매우 빠릅니다. 더구나 요즘은 삽시간에 전 세계가 정보를 공유하는 시대잖아요. 소수의 핵 마피아들이 제아무리 진실을 감춰도 결국은 실패할 거라는 게 제 생각입니다.

질문: 독일이 탈핵 선언을 할 수 있었던 배경에는 재생 에너지 같은 대안을 오랫동안 준비했기 때문으로 생각되는데요. 언제부터 그런 준비를 했나요?

답변: 1979년 미국 스리마일 섬에서 핵 사고가 났을 때부터 지금과 같은 분위기가 형성되었습니다. 거기에 1986년에 체르노빌에서 핵발전소가 터진 게 결정적이었어요. 이때 반핵 운동을 했던 사람들이 대거 움직였습니다. 인문학 전공자들은 공과대학에 재입학해서 다시 핵에 대해 공부를 했대요. 그 당시만 해도 독일 정부나 기업도 대체 에너지에 관심을 보이지 않을 때였습니다. 그렇게 공부를 시작한 사람들이 사회에 나와서 재생 에너지 기술을 발전시키고 회사를 만들어 발전소를 지었습니다. 독일의 시민 사회가 그 정

도 힘이 있는 거예요. 우리도 그에 못지않은 전통이 있습니다. 식민지, 전쟁과 독재, 그 어려웠던 시절을 슬기롭게 헤쳐 왔잖아요. 독일을 부러워만 할게 아니라 우리도 할 수 있다는 신념을 키워야 할 때라고 생각합니다.

4강
아톰과 고질라 –
핵이 가진 두 개의 얼굴

한홍구(성공회대 교수, 평화박물관 상임이사)

우린 일본을 세계 유일의 피폭국가로만 알고 있지, 일본에 있던 우리 조선 사람 수만 명이 희생당했다는 걸 알지 못합니다.

20세기 우리 역사가 우여곡절이 심했죠. 비극적인 일도 많았고 어마어마하게 많은 사람들이 죽었습니다. 그렇지만 한 번에 4만 명이 죽은 적은 없습니다. 하룻밤 사이에 히로시마와 나가사키에서 우리 민족 4만 명이 죽은 겁니다. 역사상 그런 적이 없었습니다. 그런데 이런 비극적인 사실을 아무도 거론을 안 하죠.

4강_ 아톰과 고질라 – 핵이 가진 두 개의 얼굴

안녕하세요, 한홍구입니다. 저는 역사학자의 관점에서 이야기를 하겠습니다.

지난 2012년 3월 제2차 핵안보정상회의가 서울에서 열렸습니다. 규모가 어마어마했어요. 전 세계 지도자급 인사가 53명이 왔습니다. 또 4개 국제 기구의 수장이 참가했어요. G20 때 20명의 정상이 왔는데 그때 정부에서는 경제 효과가 20~30조라고 했습니다. 참여 인사의 급으로 보나 나라 수로 보나 그보다 더하면 더했지 덜한 행사는 아닙니다.

핵안보정상회의와 3S

핵안보정상회의는 오바마가 제안했고, 1차로 2010년에는 47개국이 모였습니다. 2012년 2차 회의에는 6개국 정도가 더 모였습니다. 50여 개국 정상이 모였으니 꽤 큰 행사를 서울에서 치른 셈입니다.

핵안보회의를 처음으로 제안한 오바마는 취임할 때부터 '핵 없는 세상'의 비전을 제시했어요. 훌륭한 일입니다. 그러자 노벨위원회에서 평화상을 줬어요. 세계 최강대국인 미국 대통령이 그런 얘기를 해 준 것만 해도 고맙다는 거죠. 노벨상이라는 것이 원래 업적을 많이 남긴 사람들이 받는 거잖아요. 오바마가 '핵 없는 세상'을 이미 만든 것도 아니고 그러자고 한 것뿐인데 평화상을 줍니다. 앞으로 잘하라는 의미겠지요. 취임 9개월도 안 된 오바마 입장에선 가불처럼 상을 미리 당겨 받은 셈입니다. 생각해보면 '핵 없는 세상' 어렵지 않아요. 당장 미국부터 핵무기를 폐기하면 됩니다. 핵무기, 핵발전소가 가장 많은 나라가 미국이잖아요. 미국이 먼저 모범을 보이면 러시아, 중국, 일본 같은 나라들을 설득할 수 있겠죠.

자, 그럼 여기서 핵안보정상회의에서 말하는 '핵안보'라는 게 뭔지 살펴볼까요. 말 그대로 핵을 지키자는 겁니다. 핵 물질을 통제 가능한 국가가 아닌 다른 세력의 손에 들어가는 걸 막자는 겁니다. '핵 없는 세상'을 향해서 가긴 가는데, 빙 돌아서 가는 거예요. 자기들이 버리면 될 걸 남이 못 가지게 하는 식으로 단속하는 겁니다.

이와 관련해서 제가 〈프레시안〉에 글을 하나 썼는데 거기서 이런 비유를 했어요. 서울에서 인천에 가려면 종각역에서 전철을 타든가 자동차로 경인고속도로를 타고 가든가 하면 되는데, 이건 김포공항 가서 비행기 타고 베이징 가서, 다시 태국으로 가서는 배 타고 인천으로 들어오는 격이라고 말이죠. 쉽고 빠른 길을 두고 군이 돌아간다는 뜻으로 한 말입니다. 그랬더니 기사 제목을 '서울서 인천 가는데, 베이징으로 돌아서 가려나?' 이런 식으로 달았더라고요. (웃음) 저는 지금도 그 비유가 맞다고 생각해요.

국제적인 핵 관리 방식과 관련해서 흔히들 '3S'를 말합니다. 하나는 'safeguard'입니다. 우리나라에서는 '핵안전조치'라고 번역합니다만 원래는 '보호, 보위'를 뜻해요. 이건 핵확산금지조약(NPT)에 따른 국제원자력기구의 감시와 사찰 활동을 말해요. 그런데 핵무장을 노리는 나라들이 많아요. 그중엔 미국과 관계가 안 좋은 나라도 많습니다. 미국을 중심으로 한 서방 국가들의 군사적 개입으로 몰락한 리비아의 카다피도 하늘나라에서 '핵무장을 했으면 이렇게 안 당했는데……' 이런 꿈을 꾼단 말이에요. 그래서 미국이나 러시아 같은 강대국들은 다른 나라의 핵무장을 기를 쓰고 막으려고 합니다.

북한은 핵폭탄 개발 초기에 핵확산금지조약 탈퇴를 선언했습니다. 주권국가가 조약에 가입하고 탈퇴할 권리가 있을까요, 없을까요? 네, 권리는 있죠. 다만 전 세계 핵 문제를 줄이려면 참여해야 한다, 정도의 강제력이 있는 거죠. 탈퇴하면 그만입니다. 그리고 이 조약의 한계는 이미 가진 놈은 건드리지 않는다는 거예요. 미국, 러시아, 프랑스 같은 나라에 뭐라고 하는 거 본 적 있어요? 없습니다. 새로 가지려는 놈만 건드려요. 그러니까 핵안전조치는 이제 핵무기를 그만 만들자, 전 세계의 핵확산을 좀 막아 보자 하는 겁니다.

그다음이 'safety' 즉 핵안전입니다. 2011년 후쿠시마에서 핵발전소 4개가 터져 버렸잖아요. 과거에도 스리마일 섬, 체르노빌 같은 곳에서 사고가 있었고요. 우리가 몰라서 그렇지, 지금 이 순간에도 전 세계 핵발전소에서는 크고 작은 사고가 일어나고 있습니다. 핵안전은 이러한 사고로부터의 안전을 말하는 겁니다.

마지막으로 세 번째가 'security' 즉, '핵안보'예요. 바로 서울 핵안보정상회의의 주제였습니다. 안보 하니까 왠지 안전이나 보호보다 무시무시하고 중요한 느낌이지요? 이건 테러리스트 같은 세력으로부터 핵을 지키는 걸 의미합니다. 앞서 말씀드린 두 가지 하고는 조금 성격이 다릅니다. 예컨대 불순한 의도를 가진 친구들이 핵물질이나 핵 시설을 탈취해서 소형 핵무기를 만든 다음 핵 배낭, 핵 지뢰 같은 걸 미국 도심에서 터뜨리면 어떻게 되겠어요? 상상만 해도 끔찍한 일이 벌어집니다. 물론 영화 같은 데서는 23초 전, 38초 전에 주인공이 간신히 막아 내죠? (웃음)

누가 핵안보를 위협하는가?

잠시 쉬어가는 의미에서 영화 얘기를 좀 할게요. 방금 말씀드린 것처럼 핵무기 탈취를 소재로 한 영화들이 언제 많이 나왔느냐 하면 1989년 소련이 해체되면서부터예요. 이게 영화의 소재가 됩니다. 소련이 무너지면서 핵무기 통제 능력을 상실합니다. 핵무기가 국제 테러리스트들의 손에 들어갑니다. 이걸 007이 간신이 막아 내잖아요. 이런 영화들이 나중에 하나의 장르가 됩니다. 냉전이 완전히 무너지면서 사회주의 국가를 상대로 맹활약하던 007이 할 일이 없어지지 않을까 생각했지만, 새로운 악당의 등장으로 영화가 계속됩니다. 북한, 이라크, 리비아같이 미국 말을 잘 안 듣는 '꼬마 악당'이 출현해요. 그러다 극적 효과를 높이고자 테러리스트 집단들이 등장하기 시작했죠.

1996년 개봉한 영화 〈브로큰 애로우Broken Arrow〉도 그런 영화 중 하나입니다. 영화에서 존 트라볼타가 악당으로 나옵니다. 핵미사일이 탑재된 스텔스기를 조종하는 파일럿 존 트라볼타가 남미의 테러리스트들과 짜고 핵무기를 빼돌리려는 걸 주인공이 어찌어찌해서 막는다는 내용입니다. 미국 군사 용어로 '브로큰 애로우'는 핵 사고를 뜻합니다. 이런 걸 막는 게 바로 핵안보예요. '비국가 행위자'를 비롯한 테러리스트에 의한 테러 행위에 대응하는 개념이에요.

여기서 '비국가 행위자'라는 재밌는 말이 나옵니다. 여러분, 국가가 더 무섭습니까, 비국가 행위자가 무섭습니까? 어떠세요? 저는 국가가 훨씬 무서운 것 같아요. 비국가 행위자들을 막는다는 전제가, 국가는 이성적이고 비국가 행위자는 비이성적일 수 있다는 전제가 깔린 거잖아요. 사실 역사적으로 보면 어떻습니까? 국가 기구를 비이성적인 놈들이 장악하는 게 가장 무서운 것 아니에요? 히틀러 같은 사람이 정부를 장악했을 때 그 결과가 어땠어요. 세계대전이었잖아요.

'핵안보' 개념에는 이런 게 빠져 있습니다. 어쨌거나 핵무기가 테러리스트한테 넘어가면 안 된다는 것만 따지는 거예요. 합법적으로 핵무기를 소유하고 있는 국가가 벌일 핵전쟁의 염려 따위는 빠져 있는 겁니다. 그럴 가능성이 적다고 보는 걸까요.

국가와 테러리스트의 관계만 놓고 보자면 후자가 좀 더 합리적으로 행동할 가능성이 많습니다. 왜냐하면 약자니까요. 제아무리 강한 테러리스트라 해도 체계적인 군사력과 무기 시스템을 갖춘 국가만 할까요. 그들은 나름 '합리적으로' 싸울 수밖에 없는 처지입니다. 안 그랬다간 한 방에 가는 수가 있으니까요. 물론 극단적 선택을 할 가능성은 있습니다. '내 가족 형제들이 죽었고, 그러니 너도 한번 당해 봐.' 하는 증오심으로 말이죠.

핵안보는 따라서 유력한 테러 대상국의 주요 관심사일 수밖에 없습니다. 예를 들어 미국과 사이가 나쁜 중동의 테러리스트가 핵무기를 탈취한다, 그리고 '극단적 선택'을 한다고 칩시다. 이들이 어디를 공격하겠습니까? 미국은 방어가 철저하니까 미국과 친한 나라에 터뜨려야지, 그럴까요? 아닙니다. 기왕 여기까지 온 거 직접 공격 대상으로 삼을 가능성이 커요.

핵 물질 자체를 이용할 수도 있습니다. 예컨대 세슘 같은 방사성 물질을 사람 많은 곳에 뿌리는 거예요. 도시는 곧바로 공황 상태에 빠질 겁니다. 극소량의 핵 물질만으로도 한 사회를 혼란에 빠뜨릴 수 있는 겁니다. 9·11사태를 경험한 미국으로서는 모든 가능성을 염두에 둘 필요가 있을 겁니다.

9·11 하니까 생각나는 장면이 있습니다. 사건 당일 저는 시내에서 있다가

전화를 받았어요. 처음엔 농담인 줄 알았습니다. 전화기 너머 누가 세계무역센터가 무너졌다고 하는데 실감이 안 나요. 기분이 어땠냐 하면, 옛날에 〈유머1번지〉라는 개그 프로그램이 있었죠? 지금 〈개그콘서트〉의 전신이라고 보시면 됩니다만, 거기 '봉숭아학당'에 맹구라는 캐릭터가 있어요. 이 친구는 매번 찢어진 신문 조각을 들고 와서 옆 사람에게 말이 안 되게 기사를 읽어 줘요. 당시 상황이 그랬습니다. 미 국방성 펜타곤이 어쩌고 했다가 뉴욕이 저쩌고 했다가 비행기와 충돌해서 건물이 무너졌다고 하는데, 이게 머릿속에 도대체 그림이 안 그려지는 거예요. 하여튼 큰일이 났대요. 그래서 집에 가서 얼른 보려고 나가 봤더니 차가 견인됐네요? (웃음) 그래서 견인소에서 TV로 현장 화면을 보는데, 정말 110층짜리 무역센터 건물이 와르르 무너지는 거예요. 충격적이었습니다. 저 같은 사람도 그랬는데 당사자인 미국인들은 어땠겠어요.

미국이라는 나라가 어떤 나라입니까? 100년이 넘게 본토를 침략 받아 본 적이 없는 나라예요. 그 후 미국에서는 '안보'가 화두가 됩니다. 지금까지 말씀드린 국제 핵 규범도 그런 의미에서 바라봐야 합니다. 오바마가 핵안보를 강조하는 데는 자국에 대한 위험 요소를 제거하겠다는 의지가 들어 있는 것입니다.

하여튼 그래서 핵안보에 관심이 많은 미국이 핵안보정상회의를 소집했습니다. 모이라고 하니까 모이긴 했는데, 다들 뜨악해 해요. 직접적인 핵테러의 위협을 느끼는 미국, 좀 덜하긴 하지만 러시아 정도가 관심이 있을까요. 나머지는 별로 생각이 없는 거예요. 사정이 이렇다 보니 이 회의의 지속성에 의구심을 갖는 거죠.

또 하나 이상한 건, 세계가 후쿠시마 핵 사고로 난리가 났잖아요. 이 역사적인 사건의 1주년이 되는 해에 모여 회의를 하는데, 후쿠시마 건은 의제에서 빠졌습니다. 또 지난 10~20년 동안 국제 사회의 관심이었던 북핵 문제, 이것도 의제가 아니었어요. 북핵 문제는 세 가지 규범 중 1번 'safeguard'에 해당하고, 후쿠시마 핵발전소 사고는 2번 'safety'에 해당하거든요. 둘 다 전 세계적인 관심사인데, 미국은 오로지 3번에만 관심이 있는 거예요. 전 세계적으로 관심이 고조되어 있는 후쿠시마 핵발전소 사고 문제나 북핵 문제가 논의되면 미국 이외의 나라들이 별 관심을 갖지 않는 '핵안보' 문제는 자연 뒷전으로 밀릴 테니까 미국은 'safeguard'나 'safety' 문제는 논의 주제에서 빼 버린 겁니다.

핵이 가진 두 개의 얼굴

그럼 이제 우리와 직접적인 관련이 있는 'safety' 핵안전에 대해 이야기해 봅시다.

후쿠시마를 핵 사고 이후에 갔을 때 보니, 감이 주렁주렁 매달렸는데 아무도 안 따먹은 거예요. 그걸 보고 있자니 너무 탐스러워서 오히려 슬픈 느낌이었어요. 대추나무에도 대추가 열렸는데 아무도 안 따먹은 거예요. 그런데 그걸 아무도 안 먹으면 후쿠시마에서 농사짓는 사람은 어떻게 됩니까? 동경 슈퍼마켓에서 후쿠시마산 감이라고 대추라고 하면 사 먹겠습니까? 아무도 안 삽니다. 그럼 농민들은 어떻게 해야 할까요? 결국 다른 일을 알아보거나 굶어 죽어야 한다는 얘기가 되겠죠. 저도 후쿠시마에서 이걸 먹어야 하나 말아야 하나, 꺼림칙하지 않았다고 하면 거짓말이겠죠.

1980년대에 일본 수상을 지낸 나카소네는 당시 전두환, 레이건과 함께 한·미·일 동맹체제를 만들었는데, 예전에 이 사람이 일본에 핵발전소를 도입하는 데 결정적인 역할을 했습니다. 이 사람은 히로시마에 원폭이 투하된 것을 보면서, '아! 이제는 원자력의 시대가 열렸다.' 하고 거기서 원자력 교(敎)에 입문한 사람입니다. 자기 나라에 떨어진 핵의 위력을 보고 반핵을 결심한 게 아니라, 일본도 핵을 개발해야겠다고 생각한 거예요.

일전에 나카소네와 관련된 옛날 기록 중 하나가 발견돼서 시끌시끌했던 적이 있었어요. 위안소를 설치하는 데 개입한 일본의 주요 정치인들 이름이 수록된 자료가 나온 거예요. 그런데 보니까 그중에 '나카소네 야스히로'라는 이름이 있는 거예요. 이 사람은 이미 자서전에서 자기가 그걸 설치했다고 고백을 했어요. 원자료가 나온 셈이죠. 전쟁 때 위안소를 지은 자가 한·미·일 삼각 동맹을 만들어서 냉전도 하고, 일본에 핵발전소도 짓고 그런 거예요.

여러분, 일본이 어떤 나라입니까? 세계에서 유일하게 핵폭탄을 맞은 나라 아닙니까? 핵 반대 운동에 앞장서도 모자랄 판국에 핵발전소라니요. 게다가 일본은 지진 잦기로 유명한 환태평양 조산대에 국토 전체가 포함되어 있잖아요. 뉴질랜드 같은 나라는 지진 위험이 있다고 해서 핵발전소를 아예 하나도 안 지었습니다. 그런데 전 세계에서 둘째 가라면 서러울 정도로 지진이 빈번한 일본에 핵발전소가 무려 50개가 넘어요. 그런 위험한 곳에다 왜 이렇게 핵발전소를 많이 짓습니까? 미국이 이른바 '원자력의 평화적 이용'이라는 것으로 원자력을 확산시키려고 할 때, 그때 잡은 나라가 일본입니다. 피폭당한 일본도 핵발전소를 짓는데 뭐가 문제냐는 논리를 세울 수 있으니까요. 전 세계로 핵발전소를 확산시키는 데 설득력 있는 근거가 되는 겁니다.

일본에서는 1950년대 원자력 소주, 원자력 온천 같은 시도도 있었답니다.

원자력을 쐬면 몸에 좋고 건강해진다는 얘기가 있었으니까요. 통제 가능하고 인류에게 보탬이 되는 원자력을 강조하는 겁니다. 그리고 그 시대 조봉암 선생이 만든 진보당 강령에도 보면 '원자력으로 말미암아 제2의 산업 혁명이 가능하고, 이것이 어마어마하게 세상의 부를 증가시킬 것이고, 과학 기술이 깨끗하고 안전하게 할 것이고, 이것이 인류를 구원해 주는 새로운 동력이 될 것이다.' 이런 식으로 쓰여 있어요. 그 당시에는 원자력의 위험성에 대한 인식이 없었던 거죠.

원자력, 즉 핵에는 말 잘 듣고 깨끗한 우주 소년 아톰과 통제 불가능한 괴물 고질라라는 두 가지 이미지가 있습니다. 여러분, 후쿠시마를 보니까 어느 쪽인 거 같아요. (청중: "고질라요") 인간이 자연을 완전히 통제할 수 없듯이 핵에도 통제할 수 없는 측면이 있습니다.

후쿠시마에서 핵발전소가 터졌을 때 정부에서는 편서풍이 불어서 한국은 안전하다고 했습니다. 사람들은 그 말을 믿고 안심했어요. 평소처럼 공원에서 운동도 하고 조깅도 했죠. 하지만 대기 측정 결과는 당국의 설명과 달랐습니다. 분명히 후쿠시마에서 날아온 방사능 물질이 포함되어 있었어요.

바람의 방향이 중요한 것은 사실입니다. 하지만 바람이 방사능 물질을 막아 주진 않아요. 백번 양보해서 우리가 편서풍 지대에 있어 일본의 핵발전소로부터 안전하다고 칩시다. 그럼 중국의 핵발전소는 어떡하나요? 중국 산둥반도에서 핵 사고가 나면 그냥 서울로 오는 겁니다. 얼마나 걸릴까요? 하루 만에 옵니다. 우린 갈 데가 없습니다. 앉은 자리에서 고스란히 날아오는 방사능 물질을 뒤집어써야 해요.

국내 사고를 가정해 볼까요. 핵발전소가 있는 고리는 부산과 30킬로미터 거리입니다. 그보다 조금 더 떨어진 곳엔 울산하고 포항이 있고요. 사고가 나면 그곳 거주민과 산업 시설이 타격을 받습니다.

후쿠시마는 일본에서 인구 밀도가 제일 낮은 인적 드문 벽촌 중의 하나인데, 거기서도 30만 명 이상이 소개(疏開)되었어요. 그 기준을 적용하면 우리는 300만 명이 피난을 가야 해요. 어디로 가야 하죠? 연평도 사건 때 기억나세요? 그때 섬에서 1000명쯤 피난을 나왔습니다. 나와서 어디로 갔습니까? (청중: "찜질방") 네, 국가 공인 피난 시설, 찜질방입니다. (웃음) 1000명의 이재민도 관리가 안 돼서 난리였는데, 300만 명이라니요. 대책이 안 서는 거죠.

맥아더의 한반도 원폭 투하 계획

그런데도 우리는 핵 불감증이 굉장히 심해요. 핵무기 덕분에 해방되었다고 생각합니다. 일본이 원폭 맞은 것에 대해 쌤통이라고, 잘된 일이고, 맞을 짓을 한 거라고 생각들을 많이 합니다.

제가 어렸을 때 3학년, 4학년 담임 선생님 두 분이 수업 시간에 이런 말씀을 하셨습니다. 6·25때 트루먼 대통령이 맥아더 장군을 해임한 걸 두고 "아! 그때 말이야, 맥아더 장군이 해임되지 않고 북한에 원폭을 때렸으면 우리가 통일되는 건데." 해요. 지금도 기억이 또렷합니다.

맥아더 장군은 굉장히 통이 큰 분이에요. 북한에 원폭을 쓰자고 했습니다. 몇 발을 쏘자고 했느냐면, 26발을 1차로 때려 보고, 그래도 꿈지럭거리는 게 있으면 더 때리자고 그랬어요. 맥아더의 해임은 미국 역사에서 굉장히 중요한 사건입니다. 군에 대한 문민 통제가 처음으로 도전을 받았었거든요. 맥아더가 당시 미국 대통령인 트루먼 알기를 우습게 알았습니다. 제1차 세계

대전 당시 맥아더는 3성 장군이었고 트루먼은 대위로 참전했습니다. 아시겠지만, 대위와 3성 장군은 애초에 비교가 안 되는 겁니다. 맥아더가 대통령의 권위를 인정하지 않으니 트루먼이 잘라 버린 겁니다.

트루먼도 원폭을 쓰고 싶은 마음이 있었습니다. 그런데 문제는 일본에 원폭을 쓸 때와는 상황이 달랐다는 거예요. 그때는 미국만 핵을 가지고 있었습니다. 당시 독일이나 일본은 물론 세계 각국이 핵폭탄을 개발하려고 했습니다. 위력이 어마어마하니까요. 그런데 이걸 미국이 제일 먼저 개발해요. 핵실험까지 마칩니다. 그러고 나서 안심하고 일본에 떨어뜨린 거예요. 상대에게 보복당할 걱정 없이 말이죠. 쉽게 얘기하면, 가끔 게임이나 영화 같은 데서 결투 장면이 나오잖아요. 책상 앞에 분해한 권총을 딱 내려놓고 동시에 조립을 시작합니다. 먼저 조립한 놈이 상대를 쏘는 거죠. 2차 대전 막바지가 그런 상황이었던 거예요.

그런데 한국전쟁 때는 소련도 핵무기 개발에 성공한 상태였습니다. 까딱했다간 저쪽에서도 핵을 쓸 가능성이 있는 거예요. 핵으로 3차 대전이 일어날 가능성이 있는 상황이니까, 트루먼도 안 되겠는 거예요. 트루먼이 머뭇거리니까 맥아더가 방방 뜁니다. 맥아더는 군인입니다. 어떻게든 전쟁에서 이기고 싶었던 거예요. 하지만 트루먼은 자국민의 안전을 지켜야 하는 대통령이었습니다. 결국 트루먼은 맥아더의 해임을 결정하지요.

아이러니하게도 해임 후 맥아더의 인기는 하늘을 찌릅니다. 그가 미국으로 돌아왔을 때 공화당에서는 맥아더를 대통령 후보로 점찍을 정도였으니까요. 해임당한 맥아더가 샌프란시스코에 내려서 뉴욕으로 가며 곳곳에서 카퍼레이드를 했습니다. 시민들이 이 전쟁 영웅을 보려고 모여들어요. 하늘에선 색색의 종이가 나풀거리며 내려옵니다. 그러고는 의회에 가서 그 유명한 "노병은 죽지 않는다. 다만 사라질 뿐이다."라는 연설을 한 거예요. 멋지죠. 그런데 막상 겪어보니 사람이 영 아닙니다. 공화당 우파들조차 감당이 안 되는 거예요. '저건 정말 전쟁 미치광이다.' 이렇게 외면을 합니다. 그래서 대통령 후보 얘기가 쑥 들어가 버렸지요.

맥아더는 인천상륙작전을 성공시킨 영웅이었지만, 실패한 지휘관이기도 합니다. 38선을 넘어갔다가 중국군이 밀려오는 바람에 후퇴했습니다. 그때 맥아더는 중국은 절대 못 들어온다, 들어와 봤자 별 볼 일 없을 거라고 했는데, 들어와서 미군의 희생이 엄청났습니다. 미국 최정예 1사단이 궤멸당했습니다. 미국이 전쟁에서 이 정도로 크게 깨진 적은 없어요. 맥아더가 진 겁니다. 그 실패를 만회하기 위해서 그렇게도 원폭을 쓰자고 했던 겁니다.

지워진 이름, 조선인 원폭 희생자들

1957년도에 한국에 핵무기가 배치됩니다. 그 이전 일본은 피폭 국가이면서도 핵에 대한 경각심이랄까 자각 같은 것들이 약해서 미국이 일본에 핵무기를 배치할 수 있었습니다. 그런데 비키니 섬 사건[9]이 터지고 원수폭 문제[10]가 나오고 나서 일본 내에 반핵 여론이 거세졌어요. 그래서 미국이 핵무기를 한반도로 가져온 겁니다. 하여튼 그렇게 배치가 되어서 한국 전역에 핵

---

9) 1946년 7월 미국은 비키니 섬 주민을 강제로 쫓아내고 1958년까지 모두 23차례 핵폭탄 실험을 한다. 1968년 다시 섬으로 돌아온 원주민들은 당국의 장담에도 암 환자 급증, 기형아 출산 등의 피폭 후유증에 시달린다.

10) 1954년 미국이 비키니 섬에서 실시한 수소폭탄 실험으로 일본 어선이 피폭당하는 사건이 발생한다. 이를 계기로 일본에서 원자폭탄, 수소폭탄 반대 운동이 대대적으로 일어난다.

무기가 약 1000여 기가 깔립니다. 학자들 중 많이 잡는 사람은 1200기 잡고 적게 잡는 사람은 600기 잡는 데 대략 한 1100기 정도로 봅니다. 그런데 이 핵무기의 사용 권한은 누구에게 있었습니까? (청중: "미국") 네, 미국의 사단 장급 지휘관들에게 핵무기 사용 권한이 주어져 있었어요. 한국 정부에 허락을 받아야 합니까? 아니에요. 전혀 상관없어요. 이게 소위 말하는 '핵우산'의 실체입니다.

우리는 미국 핵무기가 배치되어 있으니까 '핵우산'의 보호를 받는다고 생각했지만, 당시 소련 장성들이 이렇게 얘기합니다. "미국에 핵 기지를 제공하고 있는 나라들이 명심해야 할 것은 그곳을 다 소련 미사일이 항상 정조준하고 있다는 사실이다."라고요. 그야말로 '헐'이죠.

그런데 우리는 이런 저간의 사정을 모르고 있어요. 그저 일본에 핵폭탄을 때리는 바람에 우리가 해방됐고, 또 미국의 핵무기가 우리를 지켜주고 있다는 잘못된 생각을 하고 있습니다. 마치 우리는 그로 인해 조금의 피해도 입지 않았다는 듯이 말입니다. 정말 그럴까요?

일본에서 원폭이 터졌을 때, 히로시마에 피폭자가 42만 명 정도이고 그중에 죽은 사람이 약 16만 명쯤입니다. 나가사키 피폭자가 27만 명인데, 7만 3000명이 넘게 죽었어요. 여기엔 조선인 피폭자도 섞여 있습니다. 조선인 피폭자는 히로시마에 5만 명쯤, 나가사키에 2만 명쯤 해서 약 7만 명이 피폭을 당합니다. 죽은 사람은 히로시마 3만 명, 나가사키는 1만 명입니다. 만 단위예요. 제가 방금 일본인 피폭자 수를 어림잡아 말씀드렸지만, 실제 자료에는 세세하게 명 단위로 파악됩니다. 그런데 조선인은 만 단위예요. 무슨 얘기입니까? 우리는 몇 명인지 정확하게 알지 못한다는 얘기죠. 그냥 어림짐작으로 100명 단위, 1000명 단위도 아니고 만 명 단위로 적힌 거예요. 대략 그쯤 죽었을 거야 하는 거죠.

그리고 사망한 사람도 보면 일본이 69만 명이 피폭돼서 23만 명이 죽었으니까 딱 3분의 1이 죽었어요. 우리는 7만 명 피폭에 4만 명이 죽었어요. 반 이상이 죽은 거예요. 이게 무슨 뜻일까요? 방사능이 조선 사람만 골라서 죽인 건 아닐 거잖아요? 왜 이렇게 많이 죽었을까요? 폭격 이후 부상을 당한 다음에 치료를 제대로 받지 못한 거예요. 거기서도 조선인 차별이 있었던 겁니다.

제가 근현대사 전공이지만, 장담하건대 우리나라에서 근현대사 전공자들조차도 이 사실을 제대로 알고 있는 분이 드뭅니다. 우린 일본을 세계 유일의 피폭 국가로만 알고 있지, 일본에 있던 우리 조선 사람 수만 명이 희생당했다는 걸 알지 못합니다.

20세기 우리 역사가 우여곡절이 심했죠. 비극적인 일도 많았고 어마어마하게 많은 사람들이 죽었습니다. 그렇지만 한 번에 4만 명이 죽은 적은 없습니다. 하룻밤 사이에 히로시마와 나가사키에서 우리 민족 4만 명이 죽은 겁니다. 역사상 그런 적이 없었습니다. 그런데 이런 비극적인 사실을 아무도 거론을 안 하죠.

히로시마에서 참변을 당하신 분 중에 경남 합천 분들이 많아요. 당시 합천에서 노무자로 징용돼서 많이들 일본으로 건너갔거든요. 전쟁 끝날 무렵 일본군 수가 700만이었습니다. 그 많은 사람들을 전쟁터로 보내면 일은 누가 합니까?

조선 사람들을 데리고 간 겁니다. 1920년대에는 조선에서 일본으로 건너가는 게 굉장히 어려웠어요. 허가를 받아야 했는데 1930년대 말, 1940년대에는 마구 건너가기 시작합니다. 합천에서 몇 만 명이 그렇게 갔다가 떼죽

음을 당한 겁니다. 거기에 대해 우리는 일본에 제대로 따지지도 못했어요. 조선으로 돌아온 사람이 2만 3000명쯤 되는데 그중 피폭자로 등록된 사람은 돌아온 분들 중 2400~2500명 정도예요. 돌아온 분들 중 약 10분의 1이 피폭을 당한 분들입니다. 이분들도 다 흩어져서 많은 분들이 일찍 돌아가셨을 걸로 보고 있어요.

조선인 피폭자 이야기를 좀 더 해 볼게요. 합천에는 일본에서 피폭된 조선인 2세들이 많이 살고 있습니다. 이분들이 2002년도에 '한국 원폭 2세 환우회'라는 모임을 만들었습니다. 이걸 만드신 분이 '원폭 2세' 김형률 씨입니다. 어려서부터 면역결핍증, 폐렴 등 후유증을 앓아오던 이분은 국가가 원폭피해자들을 돌볼 것을 요구하면서 열심히 활동했습니다. 그러다 2005년도에 돌아가셨습니다. 그 뜻을 기리고자 '김형률추모사업회'가 만들어졌는데, 제가 회장을 맡고 있습니다. 추모사업회에서 '원폭2세'들과 함께 바다 나들이를 간 적이 있어요. 합천에서 남해 바다가 얼마나 떨어져 있습니까? 부산까지 기껏해야 자동차로 두 시간도 안 되는 거리입니다. 이분들이 바다를 처음 보고 그렇게들 좋아했습니다. 아프고 거동이 힘드니까 가기가 어려웠던 거죠.

2011년 서울 서대문형무소 나들이 갔을 때는 거기서 '핵 없는 평화 선언문' 선포식을 3·1절에 맞춰 했어요. 그리고 나서 딱 열흘 후에 일본 후쿠시마에서 대지진이 났습니다.

핵발전, 희생을 강요하는 시스템

핵발전을 환경 차원에서, 그리고 이로움의 차원에서 이야기하곤 합니다. 어쩌면 우리가 지금 켜 놓은 조명, 사용하는 컴퓨터, 빔프로젝터, 이런 것들도 핵발전소에서 생산한 전기를 이용하고 있을지 모릅니다. 오늘날 우리의 안락한 삶, 안락한 시스템은 상당 부분 전기에 의존하고 있습니다. 알게 모르게 핵발전에 의존하고 있는 거지요.

여기에는 대가가 따릅니다. 핵발전소 시스템이라는 것은 누군가의 희생을 전제로 하기 때문이지요. 핵발전소에서 일하는 노동자가 그렇습니다. 우리가 편안하게 앉아서 핵발전소에서 만들어진 전기를 쓰는 이 시간에도 발전소 노동자들은 방사능 노출의 위험 속에서 일을 합니다.

일본 후쿠시마 핵 사고 때 피폭된 노동자들은 대부분 비정규직이었습니다. 일본 핵발전소에서 일하는 노동자의 80퍼센트 이상이 하청이나 파견업체 소속이에요. 수십 조를 들여 짓는 핵발전소이지만 이들 노동자의 임금 수준은 형편 없습니다. 하청, 재하청을 거치면서 임금이 계속 깎이거든요.

이들이 사고 현장에 투입됐을 때의 일입니다. 수리를 위해 나사라도 하나 풀려고 하면 경고 장치에 삐삐 소리가 난다는 거예요. 피폭 1일 기준량 초과 신호죠. 그래도 작업을 완수해야 하니까, 경고음 스위치를 꺼 버리고 작업을 계속했답니다. 그렇게 작업을 반복하는 겁니다.

사고 당시 핵발전소에서 목숨을 걸고 일하던 노동자들에게 '후쿠시마 50인 최후의 결사대'라는 타이틀이 붙습니다. 사고 수습을 위해 희생을 요구하면서 그 희생을 미화하기까지 한 거죠.

우리도 마찬가지입니다. 지금 우리가 전기를 소비하는 데는 핵시설에서 일하는 노동자와 해당 지역에서 생계를 꾸려가는 수많은 사람의 희생이 있는 겁니다. 희생은 사람에 국한하지 않습니다. 수없이 일어나는 크고 작은 핵발전소 사고는 우리 삶의 터전인 땅과 하늘과 강물과 바다를 오염시킵니다.

이걸 어떻게 해결해야 합니까? 저는 민주주의로 해결해야 하지 않나 싶어요. 시스템에 대한 통제권을 우리가 갖는 겁니다. 자, 핵발전소 관리를 여러분한테 맡겨야 할까요, 전문가들한테 맡겨야 할까요? 관리는 전문가들에게 맡겨야겠죠. 그러나 핵발전소를 지을 것이냐 말 것인가는 누가 정해요? (청중: "우리가 정해요") 그렇습니다. 그리고 또 가장 중요한 게 남았죠. 에너지 정책이 그것입니다. 화력발전을 할 것이냐, 수력발전을 할 것이냐, 재생 에너지를 쓸 것이냐, 핵발전을 계속할 것이냐, 핵발전소를 더 지을 것이냐, 에너지 소비를 줄이는 방향으로 갈 것이냐 하는 것들을 누가 정해야 합니까?

전쟁은 군인이 합니다. 하지만 전쟁을 할 것인가 말 것인가는 누가 정해요? 대통령? 아닙니다. 우리 시민이 정해야죠. 그러지 않으면 엉뚱한 전쟁에 휘말려 희생을 치르게 됩니다.

군인들이 정치했을 때 그 결과가 어땠습니까? 국민 대다수가 군사 독재 정권에 신음하면서 많은 희생을 치러야 했습니다. 마찬가지 이유로 지금 핵 마피아가 장악하고 있는 핵발전 정책 결정은 시민의 손으로 해야 해요. 문민통제를 해야 합니다. 민주주의야말로 지금의 핵발전 문제를 해결할 수 있는 대안이에요.

그런데 우리는 그걸 못하고 있죠. 뭐에 막힙니까? 소위 '전문가'라는 논리입니다. 안보 문제는 안보 전문가들이, 법은 법 전문가들이, 핵은 핵 전문가들이 다뤄야 한다고 해요. 모르는 사람들은 말도 꺼내지 말라는 식입니다. 저는 이런 사람들을 곧잘 뱀 장수에 비유합니다. "애들은 가라. 애들은 가고……." 뱀 장수가 이러잖아요. '애들'은 가고 '어른들'인 우리끼리 얘기하자, 일반인은 가고 전문가들만 남아서 얘기하자 이겁니다. 누가 전문갑니까? 자기들끼리 서로 전문가라면서 자기들끼리만 쑥덕대고 결정하고 그럽니다.

이건 일반인의 상식으로 해야 해요. 독일에서 탈핵이 가능했던 것은 일반인의 상식으로 결정했기 때문입니다. 탈핵을 결정했던 17인 윤리위원회, 여기에 소위 말하는 '원자력 전문가'는 한 명도 안 들어갔어요. 그래도 여기에 대해 뭐라고 말한 사람 한 명도 없습니다. 결국 민주주의라는 것은 일반인의 상식에 의해서, 또 일반인들의 이해관계가 반영되는 그런 시스템으로 가야 한다는 겁니다.

핵발전으로 사리사욕을 챙기는 '원전 마피아' 세력의 허위 선전에도 부단히 대응해야 합니다. 싸고 깨끗하고 안전한 핵이라는 건 없습니다. 또 핵무기 보유에 대한 기대감을 버려야 합니다. 핵무기는 절대로 가져서는 안 된다는 평화 의식이 확산돼야 해요.

우리 스스로 핵 전문가가 되어야 합니다. 핵 전문가들이 환경 운동에 많이 참여해야 해요. 핵발전에 찬성하는 이론을 조목조목 반박할 수 있는 전문가가 많을수록 유리합니다.

일본 교토대 원자로 실험실에 핵발전의 위험성을 지적하는 고이데 히로아키(小出裕章)라는 분이 있습니다. 그분 나이가 60이 넘었는데, 아직도 조교입니다. (웃음) 그쪽에서 승진을 안 시켜주는 것 같아요. 자기희생을 감수하고 기꺼이 함께할 수 있는 그런 전문가, 과학자가 필요합니다.

그다음에 중장기적으로 탈핵을 향한 시나리오를 준비해야 합니다. 그러려면 탈핵을 표방하는 정치 세력들을 지지하고 그들이 주도권을 잡을 수 있도록 해야 해요. 선거 때만 반짝 신경 쓰고 그칠 게 아니라 이러한 정치적 활동들이 일상적으로 이뤄져야 합니다. 핵은 정치권에서 안보 이슈로 취급됩니다. '안보'는 중요합니다. 하지만 '어떤 안보'냐가 더 중요해요. 우리에겐 핵안보가 아니라 핵으로부터의 안보가 필요해요. 핵을 고이 모셔 두면서 안보를 외칠 게 아니라 폐기해야 한다는 말이에요.

자, 그럼 핵 폐기, 과연 어떻게 해야 할까요? 간단합니다. 핵을 많이 가진 나라에서 앞장서면 되는 거예요. 미국부터 핵무기와 핵발전 시설을 없애고 러시아 같은 나라를 설득하면 따라올 수밖에 없습니다.

세계적으로 많은 핵발전소를 보유하고 있는 우리도 마찬가지입니다. 수명이 다한 핵발전소들부터 하나 둘 폐쇄해 나가는 겁니다. 탈핵은 결국 우리가 건강하게 잘살자는 얘기입니다. 사람들의 생존과 직결된 문제입니다. 앞으로 더 많은 사람들이 관심을 갖게 될 거예요. 예컨대 후쿠시마 핵 사고 직후에는 방사능 피해에 큰 관심을 보였죠. 그러다 시들해졌습니다. 그런데 지금은 어때요. 오염수 문제가 발생하면서 우리의 식탁을 위협하는 문제가 되었잖아요. 공포가 확산됩니다. 다만 이걸 근원적으로 해결하려면 어떻게 해야 하는지 사람들이 알지 못해요. 그래서 개별적으로 피합니다. 안 먹고 말아요. 이걸 개개인의 문제에서 함께 풀어가야 할 탈핵의 문제로 확장시키려는 노력이 필요합니다.

그러려면 대안을 내놓아야 해요. 안전한 건 좋은데 전기 요금이 오르면 어떡하느냐, 이런 질문에 확실한 근거를 가지고 대처해야 합니다. 핵발전이 결코 싼 게 아니라고 우리가 좀 더 아껴 쓰면 된다고 말이죠.

독일과 달리 우리는 지금 당장 100퍼센트 탈핵이 어렵습니다. 핵에너지 의존도도 높고 사람들의 인식도 부족해요. 점진적으로 접근해야 합니다. 적어도 20~30년의 청사진을 가지고 장기적인 호흡으로 하나하나 풀어나가면 핵발전소 마피아들의 저항도 덜할 거로 생각합니다. 당장 먹고살 길이 없어지는 게 아니니까요. 그동안 다른 길을 찾을 시간이 충분할 겁니다.

전 세계적으로 핵발전소는 사양 산업입니다. 핵발전소 마피아들이라고 그걸 모르겠어요? 핵발전소를 더 짓느니 지금 지어진 핵발전소 폐기물 처리 쪽으로 눈을 돌리면 더 많은 수익을 낼 수 있다는 사실을 강조해야 합니다. 그러면 눈을 돌리겠죠. 대체 에너지 분야도 마찬가지입니다. 독일만 해도 이 분야에서 얼마나 많은 수익과 일자리를 만들어내고 있습니까.

최고 정책 결정권자의 의지도 중요합니다. 예컨대 대통령이 정보를 공개하고, 원가를 제대로 계산하고, 재생 에너지 개발 쪽으로 관심을 돌리자고 하는데 이를 반대할 관료가 있을까요?

다른 사람을 착취하는 시스템에서 내려와야 한다

질문: 원폭 피해 2세들과 함께 활동하신 걸로 알고 있습니다. 그분들의 피폭 후유증이 어느 정도인지 알고 싶습니다.

답변: 일본에서 단 한 명의 2세도 원폭 피해에 대해 인정을 못 받고 있습니다. 일본과 미국이 원폭 유전에 대해 인정을 안 하고 있는 겁니다. 인정하는 순간 피해 보상액이 어마어마하게 늘어날 테니까요. 실제로 피폭된 분들이 낳은 2세들 중에는 아픈 사람도 있고 그렇지 않은 사람도 있어요. 만약 모든 2세들에게 이상이 발견되었다면 1세들이 싸웠을 겁니다.

우리나라에서는 김형률이란 분이 처음으로 원폭 2세 문제를 들고 나왔어요. 이분이 평화박물관 쪽과 만나서 일하기 시작한 지 채 1년이 안 돼서 돌아가셨습니다. 처음 만나 뵈었을 때부터 뭐랄까 참 마음이 안 좋았습니다. 서른이 넘은 성인인데도 체중도 37킬로그램밖에 안 나갔고요. 팔뚝이 진짜 제 팔뚝의 반만 해요. 훅 불면 날아간다는 표현이 어울릴 정도였습니다. 그 몸으로 원폭 2세 문제를 해결하려고 백방으로 뛰었습니다.

어처구니없는 건, 이분이 평생 자신을 괴롭혔던 병의 원인을 병원 차트를 보고서야 알게 돼요. 그전엔 몰랐다는 거죠. 자기 차트에 논문이 첨부되어 있는데, 거기에 자신이 앓고 있는 '선천적 면역글로불린 결핍증'이 원폭 2세로서 유전적인 것으로 추정된다고 적혀 있었답니다. 담당 의사가 사례 보고는 하면서 막상 환자 본인에게는 안 알려 준 겁니다. 이분이 그걸 우연히 발견하고는 완전히 기가 막혔던 거죠.

어려서부터 평생을 뛰지도 못하고 콜록콜록 기침하면서 살았는데, 그 고통의 근원을 알게 되었던 겁니다. 그분의 어머니가 4살 때 히로시마에서 피폭을 당했거든요. 그 집에 어머니가 낳은 형제가 넷인가 더 있는데 이 사람들은 다 건강해요. 다만 함께 태어난 쌍둥이 동생은 20일 만에 죽었어요. 원폭 2세들은 태어나서 바로 죽은 사람들이 굉장히 많습니다. 지금 살아 있는 2세들만으로 따질 수 있는 문제가 아니에요. 유산, 사산, 또는 출생해서 아주 어렸을 때 죽은 경우가 많아요. 그런데도 1세들은 이 사실을 숨깁니다. 아예 피폭 사실을 숨기는 경우도 많아요. 자식들 혼삿길도 막히고 취직이 어려울 수도 있으니까요. 일반인들은 이런저런 이유로 원폭 피해의 유전적인 부분에 대해서는 많이 알지 못해요. 저도 그렇습니다. 다만, 김형률 씨가 활동할 때 도와주신 분들이 많습니다. 원폭 2세 환우회 400여 명 회원이 함께 했어요. 이분들이 만든 '한국원폭2세환우회'라는 인터넷카페(cafe. daum.net/KABV2PO) 자료실에 원폭 피해자와 2세에 대한 자료가 있습니다. 국가위원회에서 2004년 발표한 보고서 '원폭피해자 2세의 기초현황 및 건강실태조사'에서도 2세의 건강에 관한 정보를 찾을 수 있을 겁니다.[11]

질문: 후쿠시마 핵 사고는 국제적인 문제인데 우리는 여기에 어떻게 대처해야 할까요?

답변: 제가 서경식 선생하고 후쿠시마를 갔을 때 거기서 교수님 한 분[12]을 만났습니다. 그런데 이분이 여전히 피난 권장 지역 내에 살아요. 사모님이 치매에 걸려 돌볼 사람이 필요한 겁니다. 어쩔 수 없이 함께 있으면서 자포자기한 상황이 돼요. 위험하다며 만류하는 주변 사람들을 피합니다. 대신 이젠 안전하다는 정부의 말을 믿어요. 원자력 마피아들의 안전하다, 괜찮다는 그 말에 오히려 위안을 얻는 거예요. 그게 지금의 현실입니다.

후쿠시마 핵 사고는 이제 통제 불능이에요. 대책이 없습니다. 게다가 사고 이후 멈춰 있는 핵발전소도 조만간 재가동을 시도할 거예요. 아직도 핵발전소 마피아들이 힘을 갖고 있거든요. 일본이 스스로 문제를 못 풀면 국제적으로 압력을 넣어야 합니다. 후쿠시마 연근해에서 세슘 물고기가 발견됩니다. 태평양을 낀 국가들이 긴장하죠. 이유가 있습니다. 영국 BBC에서는 2012년 5월 캘리포니아 해역에서 잡힌 참치가 후쿠시마 핵 방사능에 오염되

---

11) 2013년 3월 '인디다큐페스티발2013'에서 원폭2세환우회 한정순 회장의 삶을 다룬 다큐멘터리 '잔인한 내림-유전(遺傳)'이 상영된 바 있다. 원폭 피해와 2세들의 상황을 이해하는 데 도움이 될 만한 자료이다.

12) 그때 만난 사사키 다카시 교수의 책이 한국에서도 출간되었다. 『원전의 재앙속에서 살다』, 돌베개, 2013년.

었다고 보도했습니다.

핵에는 경계선이 없어요. 연대해야 해요. 핵에 반대하는 주변국 사람들이 함께 나서서 목소리를 내야 합니다. 불안과 무기력을 떨치고 가지 않으면 희망이 없어요.

질문: 탈핵을 안전이 아닌 윤리의 문제로 보자는 시각이 있습니다. 선생님은 어떤 관점에서 핵 문제를 어떻게 보고 계시나요?

답변: 일본 도쿄대의 다카하시 데츠야 교수라는 분이 있습니다. 이분이 일본 내에서 야스쿠니 신사 문제를 적극적으로 제기하는 분이에요. 해마다 정치인들의 야스쿠니 신사 참배 문제가 불거지지요? 특히 중국이나 한국처럼 식민 지배를 받았던 나라에서 민감한 반응을 보입니다. A급 전범들이 안치된 곳이죠. 일본 극우주의의 상징입니다.

데츠야 교수는 〈한겨레〉신문에 칼럼도 여러 번 쓰셨는데, 야스쿠니 신사 문제도 결국 국가가 국민에게 희생을 강요하는 시스템에서 나온다는 관점입니다. 그분 고향이 후쿠시마예요. 이분이 핵사고에 대한 이야기를 나눌 때도 비슷한 말씀을 하십니다. 고개를 끄덕일 수밖에 없었어요.

아까 말씀드렸다시피 핵발전소에서 일하는 노동자와 지역 주민은 일상적으로, 정부에서 기준치 이하라고 말하는 미량의 방사능에 노출되어 있어요. 그걸 안전이라고 말할 수 있을까요. 이분들은 어쩔 수 없는 희생을 치르고 있는 겁니다.

우리가 적어도 인간은 누구나 평등하다는 것을 동감하는 윤리적 인간이라면 남을 희생시키고 남을 착취해 가면서 살지는 말아야 한다는 것이 기본 아니겠습니까? 다른 사람을 착취하는 시스템에서 우리 스스로 내려와야 합니다. 사회 전체를 그런 시스템에서 벗어나게 해야 한다는 관점에 서지 않는 한, 핵 문제에서 결코 벗어날 수 없어요. 환경이나 안전 문제로만 바라보아서는 해결이 안 납니다. 위험할 뿐만 아니라 윤리적이지도 않고 이익도 되지 않습니다.

5강
방사능도 전염되나요?
−방사능에 관한 오해와 진실

우석균(보건의료단체연합 정책위원장)

당연히 의료용 기기에서 나오는 방사능도 좋지 않다는 겁니다. 대표적으로 아까 말씀드린 CT, 사람들이 얼마나 많이 찍습니까? 2011년 기준으로 연간 411만 명이 CT를 찍습니다. 병원에서도 의사들이 별생각 없이 권해요. 우리나라처럼 방사능이 남용되는 나라가 없어요. 우리나라는 아직도 방사능에 대해 너무도 관대합니다.

5강_ 방사능도 전염되나요?
–방사능에 관한 오해와 진실

안녕하세요. 우석균입니다. 앞서 많은 분들이 후쿠시마 핵발전소 사고를 언급하셨습니다만, 저도 그 이야기로 강의를 시작해야겠네요. 그만큼 중요한 사례입니다.

후쿠시마에서 사고가 났을 때 사람들은 정부에서 시키는 대로 피난을 갔습니다. 그런데 사람들이 피난을 가는 국도와 고속도로로 방사능 물질이 바람을 타고 이동했습니다. 결국 방사능을 피하러 가던 사람들이 방사능과 함께 움직이는 일이 벌어졌습니다. 방사능 낙진이 퍼진 지도를 보면 역 V 자형으로 보입니다. 그런데 사람들은 같은 역 V 자형으로 대피했습니다. 또 오히려 방사능이 더 강력한 곳으로 피난을 간 경우도 생겼지요. 사고 자체도 문제지만 이후의 대응을 보면 이해할 수 없는 게 한둘이 아닙니다.

나중에 알려졌지만 일본 정부는 방사능 물질의 이동 경로를 정확하게 알고 있었습니다. 스피디(SPEEDI)라는 낙진 예측 시스템이 있어서 이걸 통해 실시간으로 방사능 물질의 이동 경로를 파악하고 있었어요. 그런데 일반 국민에게는 이 정보를 알리지 않습니다. 그쪽 시각으로는 안전 지역으로 사람이 몰리는 '대혼란'이 우려되었을 테지요. 〈요미우리〉신문에서 이 문제를 꼬집었습니다. 기사가 나고서야 정부에서 예측 시스템이 수집한 정보를 공개했습니다.

대체 어떻게 이런 일이 생긴 걸까요?

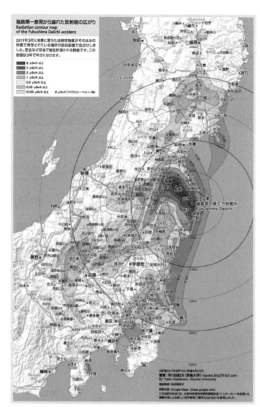

福島第一原発から漏れた放射能の広がり
Radiation contour map
of the Fukushima Daiichi accident

2011년 9월 당시 일본 각 지자체 발표에 근거한 방사능 확산 지도 (군마대학).

마스크를 벗은 사람들–
후쿠시마의 일상과 그 이면

제가 2011년 8월에 후쿠시마에 간 적이 있습니다. 후쿠시마에서 핵 사고를 주제로 한 '현민대회'가 열린다고 해서 여기에 참석하려고 갔습니다. 도착해 보니 아주 조용한 도시예요. 신칸센 고속철도로 도쿄에서 1시간 30분이 안 걸리는 도시였습니다. '힘내라 도호쿠(東北지역)'라는 현수막이 걸린 것 외에는, 마치 아무 일도 없었던 것처럼 차분하고 조용했습니다. 기차에서 내릴 때 일본 시민 단체에서 나눠 준 방진 마스크를 착용했습니다. 그런데 사람들이 하나둘씩 마스크를 벗어요. 우리 말고는 아무도 마스크를 쓴 사람이 없는 겁니다. 그야말로 아주 평범하고 일상적인 도시의 풍경 앞에서 마스크를 쓰는 게 왠지 어색하다고 느껴졌습니다.

저희는 갖고 있던 가이거 계수기(방사능 측정기) 수치를 확인했습니다. 역 안은 괜찮았어요. 그런데 역에서 나오자마자 수치가 급상승했습니다. 연간 피폭 허용량의 10배 이상 나오기 시작하더니 후쿠시마 시내에는 15배, 20배 이렇게 나와요. 그런데도 평소와 다름없이 길을 오가는 시민들의 모습을 보면서 깜짝 놀랐습니다. 오로지 수치로만 존재할 뿐 냄새도 없고, 만져지지도 않고, 소리도 없는 물질이 바로 방사능이라는 걸 실감했습니다.

심지어는 방사능 수치가 높은 역 앞에서 집회 비슷한 것을 하고 있었습니다. 저는 핵발전소 사고 얘기가 나오려나 하고 다가가 보니, 폭력으로부터 청소년을 지키자는 주제로 콘서트를 열고 있었어요. 사람들은 그 앞에 앉아서 구경을 하고 있었습니다. 아주 정상적이고 일상적인 모습이었어요. '정말 이곳이 후쿠시마 맞나?' 하는 생각이 들 정도였습니다. 이해가 가십니까? 만약 우리나라에서 같은 사고가 났으면 어떤 모습이었을까요?

후쿠시마엔 사고를 알리는 어떤 표시도 없었습니다. 경고문도 없고요. 겉으로 보기엔 사고 이전과 차이가 없었어요. '일상을 가장한 야만'이라는 표현이 떠올랐습니다.

후쿠시마 현민대회 현장에 도착하니 작은 광장에 사람들이 가득했습니다. 문화 공연이 끝나고 발언 시간이 되었어요. 아이 엄마가 말합니다. 딸 둘을 도쿄에 있는 친척 집에 보냈다. 나는 아이를 둘이나 낳았으니 괜찮다. 그래서 남았지만 언제까지 떨어져 살 수는 없는 일이다. 도대체 딸들은 언제 돌아올 수 있느냐는 얘기를 해요. 방사능이 가임기 여성에게 미치는 영향을 알기에 서둘러 피난시킨 겁니다.

이번엔 교사가 나와서 얘기합니다. 자기는 공무원이라 다른 지역으로 갈 수도 없답니다. 근무지를 이탈하면 해고래요. 직장을 잃으면 먹고살 길이 막막하기 때문에 어쩔 수 없이 여기 남아 있다는 거예요. 그러면서 무엇보다도 안타까운 건 학생들이랍니다. "우리는 앞으로 뭐 하고 살아요?" 하고 물어볼 때 가장 가슴이 아프대요. 이 교사는 사고 지점에서 반경 20킬로미터 떨어진 지역에서 살고 있는데, 출입하는 데 아무런 제지도 하지 않더랍니다. 사고 주변 지역은 통제를 해야 하잖아요. 그런 조치가 없었던 겁니다. 하루는 쓰던 냉장고가 망가져서 새로 주문했대요. 주문은 받아주었답니다. 그런데 배달이 안 되더랍니다. 전화를 걸어 돈까지 부쳤는데 왜 안 오느냐고 했더니 배달은 못 해 주겠다고 그러더랍니다. 주문은 받되 물건은 가져다줄 수 없다는 거죠.

얼마나 황당한 상황입니까? 지역 외 사람들은 방사능 공포에 예민해져 있는데, 정부에서는 아무런 조치가 없는 겁니다. 그런 상황이라면 그냥 그런가 보다 하고 지낼 수 있을 거 같아요. 바깥과 교류할 일이 없으면 더욱 그럴 겁니다. 정작 안에 있는 사람들은 잘 못 느끼는 거죠. 지금 당장 아무 일도 일어나지 않으니까요. 정부의 정보 통제로 얼마만큼 방사능 피해를 입었는지 알 수도 없고, 그렇다고 피할 수도 없는 상황. 어쩌면 자포자기한 것일 수도 있습니다.

외지에서도 후쿠시마를 돕고 싶어 했습니다. 하지만 방법이 없어요. 한 방송국 앵커는 TV에 나와서 후쿠시마의 경제를 살려야 한다면서 그 지역에서 생산된 식품, 채소 같은 걸 보란 듯이 먹었습니다. 결국 급성 백혈병에 걸려요. 의도는 좋았지만 무모했습니다.

사고 이후 당장 먹고살 길이 막막한 후쿠시마 사람들이 산지에서 재배한 채소를 도쿄에 가서 판 적도 있었습니다. 시민들의 호응도 좋았어요. 내놓은 농작물이 모두 팔려 상당히 고무되기도 했답니다. 그러다 며칠 만에 이것도 그만둡니다. 시민들이 돌아가는 길에 샀던 채소를 죄다 버리더래요. 속마음은 달랐던 거죠. 후쿠시마 사람들은 겉으로 평온해 보여도 사실은 외롭게 하루하루를 보내고 있는 겁니다.

"우리 아이들을 지켜주세요.", "오염 없는 후쿠시마를 돌려주세요." 현민대회의 구호였습니다. 방사능으로 오염되지 않았던 그 시절로 다시 돌아가고 싶다는 얘기였어요. 그분들은 너무도 절실했지만 냉정하게 보면, 결코 이루어질 수 없는 요구였습니다. 후쿠시마 어린이들은 지금도 계속 공식적으로는 연간 20밀리시버트 이하의 수치가 나오는 곳에서는 학교에 다닐 수 있습니다. 연간 피폭량의 20배인 수치입니다. 이것도 성인 기준이라 아이들에게는 성인보다 2배에서 10배의 위험성이 있습니다.

방사능 때문에 후쿠시마 사람들이 차별을 받는다는 발언도 나왔습니다. "쟤, 후쿠시마 애야.", "이 지역을 거쳐 가도 괜찮을까?" 이런다는 거예요. 마을 어디에서도 볼 수 없었던 후쿠시마의 깊은 상처를 그날 현민대회에서 확인할 수 있었습니다.

체르노빌의 기억과 후쿠시마의 현실

핵발전소 사고의 후유증은 오랜 세월 계속됩니다. 1986년 체르노빌에서 누출된 방사능 물질이 유럽 전역으로 퍼졌습니다. 그중 하나인 세슘137은 반감기가 30년입니다. 20년이 지나도 그 양은 변함이 없어요. 30년이 지나야 반으로 줄어든다는 겁니다. 그러면 60년 지나면 없어질까요? 아닙니다. 4분의 1로 줄어드는 식이에요. 한 세대, 두 세대를 지나도 상당한 양이 남는 거예요.

체르노빌 핵발전소 사고의 여파로 영국의 웨일스 일부 지역은 아직도 방목한 양을 팔지 못합니다. 스코틀랜드 일부 지역에서도 25년 지나고 나서야 겨우 방목된 양의 판매를 허가했고요. 스웨덴 일부 지역에서는 지금도 암 발생률이 높습니다. 북유럽은 체르노빌에서 굉장히 먼 거리에 있습니다. 그럼에도 당시 체르노빌 핵발전소 사고를 가장 먼저 인지한 데가 스웨덴, 노르웨이였습니다. 핵폭탄 감시 시스템이 작동한 거죠.

사고 후 유럽 여러 나라에서 대책을 마련하느라 바빠졌습니다. 방사능 물질의 향방을 알고자 바람의 방향부터 시작해서 이것저것 분석에 들어갔죠. 터키, 그리스, 노르웨이, 스웨덴 쪽으로 방사능 물질이 날아왔습니다. 구소련과 동유럽 쪽은 비밀이 많아서 알려진 게 많지 않습니다. 다만, 접경 지역인 벨라루스의 피해는 규모가 워낙 커서 잘 알려져 있어요.

우크라이나나 벨라루스는 전 세계의 으뜸가는 곡창지역이었습니다. 그러나 체르노빌 핵발전소 사고 이후 옛이야기가 되었어요. 방사능 낙진의 70퍼센트가 남풍을 타고 벨라루스 영토로 떨어졌습니다. 국토의 23퍼센트, 무려 200만 명의 주민들이 사는 지역이 오염됐어요. 체르노빌 핵 사고로 가장 큰 피해를 본 나라입니다. 우크라이나 쪽의 피해도 덜하지는 않았습니다.

후쿠시마 핵발전소 사고에서도 플루토늄, 세슘, 요오드 등 다양한 방사능 물질이 방출되었습니다. 그중 반감기가 짧은 물질이 방사성 요오드예요. 이건 반감기가 8일이에요. 휘발성이 높아 확산되기 쉬운 대신 빨리 줄어듭니다. 방사성 요오드는 갑상선에 축적되어 암을 일으킵니다. 어린이와 청소년에게 특히 치명적입니다. 다행히도 이걸 억제할 수 있는 갑상선 요오드제라는 게 있습니다. 응급 처치가 어느 정도는 가능하다는 얘기예요. 사고가 나자 일본 정부에서 23만 병을 긴급 배포했습니다. 물론 이 대처도 늦어 가장 중요한 시기인 사고 직후에 어린이들은 무방비로 노출되었지만요. 이외의 플루토늄, 세슘 같은 방사능 물질은 손써 볼 도리가 없어요. 공기와 땅, 바다로 퍼지는 걸 막을 길이 없는 거예요.

과거 일본 도호쿠 지역은 유기농 지역으로 유명했습니다. 그런데 대지진과 쓰나미에 이은 핵발전소 폭발 사태로 지금은 가장 큰 방사능 오염 지역이 되어 버렸어요. 이곳뿐만이 아닙니다. 후쿠시마 현에서 방출되기 시작한 방사능은 본토와 해안을 가리지 않고 사방으로 퍼져 나갑니다. 2011년 9월에 작성된 방사능 지도를 보면 도쿄 일부가 오염지역으로 들어갔습니다. 그다음 12월 말에서 2012년 초 측정 결과를 토대로 작성한 지도에는 인구 1300만이 넘는 도쿄 전체가 포함됩니다.

일이 커지자 일본 정부는 사태를 축소·은폐하기에 급급해집니다. 국제 기준과 다른 데이터로 방사능 오염 지도를 발표해요. 일본 정부가 발표한 후쿠시마 현 학교들의 방사능 측정 결과를 예로 들어 볼게요. 우선 방사능 피폭량의 국제 기준은 연간 1밀리시버트입니다. 이걸 넘어가면 위험하다고 보는 거예요. 시간당으로 환산하면 0.114 마이크로시버트(μSv)입니다. 그런데 하도 수치가 높게 나오니까 일본 정부가 마음대로 기준을 바꿔요. 시간당 1마이크로시버트로 조정합니다. 10배쯤 높여 잡은 거죠. 그러면서 기준치 이하의 학교가 많다고 선전합니다. 여기에 더해 시간당 3.8마이크로시버트 이상 검출된 학교는 없다고 발표합니다. 그게 무슨 의미가 있습니까? 3.8이면 국제 기준의 33배에 달하는 수치예요.

하지만 이런다고 실제 오염 상태가 줄어드나요? 그렇지 않습니다. 결국 어떻게든 책임을 면하려는 꼼수에 불과하잖아요.

제가 직접 들은 얘기가 있어요. 사고 후 후쿠시마에서 경마 경기가 있었다고 합니다. 같은 시기에 야구 경기도 있었다고 해요. 야구 경기에서는 다른 지역 학교와 후쿠시마 지역 학교가 경기를 벌였는데 모두 후쿠시마 지역 학교를 응원했다고 해요. 홈경기이기도 했지만 사고 피해로 힘들었으니 관중도 그나마 위로를 해 주고 싶었을 테지요. 우리 고장을 살리자고 열심히 응원을 했습니다. 하지만 그날 열리기로 했던 경마 경기가 취소되었다는 사실을 아는 사람은 거의 없었습니다. 말이 방사능에 노출될까 봐 일정을 바꾼 거예요. 아이들은 남아서 그렇게 열심히 경기를 뛰고 있는데 말이죠. 슬픈 일이 아닐 수 없습니다.

학교 얘기를 계속해 볼게요. 초등학교 운동장에 시소, 미끄럼틀 같은 놀이 기구들이 있잖아요. 비가 내리자 놀이터 바닥에 있는 흙을 파서 버려요. 방사능 빗물에 오염되었을 거라는 거죠. 실제로 방사능 오염치가 높게 나왔던 곳은 아이들이 가장 많이 붙잡는 미끄럼틀 아래였답니다. 빗물이 그리로 흘러내리니까요. 그런데 문제는 그걸 후쿠시마 현 내에 가져다 버렸다는 겁니다. 기왕 오염된 곳이니 상관없지 않겠냐는 거예요. 나중에는 이 오염 토양을 전국 지자체가 나눈다고 해서 크게 문제가 되었습니다.

교사 한 분은 또 이런 얘기도 들려줬습니다. 수업을 교실에서만 할 수가 없잖아요. 나가서 체조도 하고 햇볕도 쬐게 하고 싶은데 방사능 오염이 걱정되는 겁니다. 그래서 운동장에 나가 수치를 측정합니다. 그랬더니 정부 기준치 이하로 나오는 곳이 딱 한군데 있더래요. 그래서 거기 동그랗게 금을 그어 놓고 아이들을 불러 모읍니다. 그렇게 모여서 햇볕을 쬐다가 다시 교실로 들어가 공부를 한다는 거예요.

그런데도 일본 정부는 기준치를 바꿔서 국민의 눈을 가리고 있어요. 잘못돼도 한참 잘못된 일입니다.

방사능에 관한 오해와 진실

자, 그럼 이제 방사선과 방사능이 뭔지 한번 알아볼까요? 쉽게 말해 방사선은 방사능 물질에서 방출되는 에너지(방사능 입자)를 부르는 말로 이해하시면 될 듯 합니다.[13] 이 방사선을 설명해 보면 이렇습니다. 휴대전화 전자파가 유해하다는 말 많이 들어보셨을 겁니다. 특히 청소년의 뇌 성장에 좋지 않은 영향을 끼친다고 걱정하는 목소리가 높습니다. 요즘 스마트폰 없는 친구들은 없잖아요. 2004년 유럽연합(EU)의 공동 연구에 의하면 전자파의 영향으로 세포의 유전자 변이가 일어나 암이나 각종 질환을 발생시킬 수 있다고 합니다. 고압 송전선이 지나는 지역에 암, 백혈병, 신경증 환자들이 다른 지역보다 많았다는 학계의 조사 결과도 있고요.

제 친구 한 명이 영국에서 겪은 일인데요. 학교 입구에 '와이파이 프리'라고 쓰여 있어서 역시 선진국은 다르구나! 하고 생각했답니다. 와이파이가 공짜라는 얘기로 알아들은 거죠. 그 얘길 했더니 영국 사람들이 놀라더래요. 학교에 무선망이 없다는 뜻이랍니다. 학생들이 전자파에 노출되는 걸 막기 위한 조치라는 거예요. 졸지에 무식한 사람이 되고 말았답니다. (웃음)

전자파도 인체에 유해하다는 것입니다. 그런데 방사선은 차원이 다릅니다. 전자파가 위험하다, 아니다를 이야기하고 있는데, 이것보다 주파수가 높은 것이 적외선이고 그 다음이 가시광선 그리고 그 다음이 자외선입니다. 이것보다 주파수가 높으면 전자를 이온화시킬 정도가 되어 방사선이 되는 것

---

13) 방사능은 방사능(혹은 방사성) 물질이 방사선을 방출하는 강도를 말하는 것으로 방사능 물질에 들어 있는 불안정한 핵의 양을 가리키기도 한다.

입니다.

우리가 지금 말하고 있는 것은 전자파와는 차원이 다른 방사선, 즉 엑스레이 같은 방사선입니다. 이건 주파수(Hz)가 10의 20승까지 올라가는, 우리가 상상하기 어려운 높은 주파수를 가진 것입니다. 엑스레이 찍으면 뼈가 보이죠? 피부를 뚫고 지나갑니다. 투과력이 큰 거죠.

방사선의 유형에는 알파, 베타, 감마가 있는데, 알파선은 투과력이 0.5밀리미터로 미미해요. 그렇지만 장기의 특정 세포에는 영향을 줄 수 있습니다. 베타선은 투과력이 1~2센티미터라서 몸 안에 들어가면 못 나와요. 특정 조직에 국한돼요. 감마선은 투과력이 10~20센티미터로 전신에 영향을 줍니다. 우리가 말하는 엑스레이예요.

이 감마 방사선, 즉 방사선에 노출되면 인체는 어떤 변화를 겪게 될까요? 한두 번의 노출로는 당장에 큰 영향을 받지 않습니다. 보통 사람들도 병원 가서 엑스레이를 찍잖아요. 그때 노출된 방사선 때문에 암에 걸릴 가능성은 매우 적습니다.

문제는 한꺼번에 많은 양의 방사능에 노출되거나 적은 양이라도 지속적으로 노출되는 경우예요. 한번 노출되면 영원히 몸에 남습니다. 계속 쌓이는 거죠. 이게 방사능의 무서운 점이에요. 또 적은 양이라도 많은 인구가 노출되는 것도 문제입니다. 이렇게 되면 적은 방사능이라도 확률적으로 일정 수의 사람들은 암에 걸리게 된다는 것이 지금까지의 공인된 연구 결과입니다. 따라서 방사선은 가능하면 피해야 합니다.

우리가 후쿠시마 핵 사고로 발생한 방사능에 직접 노출되지 않았다고 해도, 오염 지역에서 들여온 음식을 지속적으로 먹는다면 위험합니다. 방사능 피폭은 외부로부터 노출되는 '외폭'과 음식물 섭취 등 내부로부터 노출되는 '내폭'이 있어요. 1945년 일본 히로시마에 핵폭탄이 떨어졌을 때 피폭을 당하고 살아남았던 분 중에 94세 된 히다 신타로라는 의사 분이 계십니다. 평생을 피폭자 치료에 앞장서고 계신 분이에요. 이분이 말씀하시길, 처음엔 내폭이 뭔지 몰랐다고 해요. 그런데 히로시마에 살아남은 사람들이 이상한 모습을 보이더래요.

사람들이 조금만 일을 해도 힘이 들어 집으로 돌아가더래요. 쉬고 온 다음 날에도 또 그러고, 그런 사람들이 하나 둘 늘더래요. 이 의사 분은 그게 무력감, 권태감, 게으름 때문이라고 생각했습니다. 그래서 '부라부라 병'이라고 불렀다고 합니다. 우리말로 치면 꾀병, '놀자놀자 병'쯤 되겠네요. 아무도 원인을 몰랐대요. 나중에 미국 사람들이 내부 피폭 때문이라고 가르쳐 주기 전까지 말이죠. 직접 방사능에 노출되지 않았지만, 오염 지역 음식물을 통해 몸 안에 방사능이 쌓인 거예요. 그래서 몸이 힘들었던 겁니다. 내폭이란 것이 그런 겁니다. 거칠게 말하자면 조그만 핵폭탄들이 몸속에서 계속 터진다는 거예요. 몸 안에서 계속 방사능을 배출합니다. 그렇게 되면 멀쩡한 세포가 죽거나 돌연변이를 일으켜서 암이 됩니다.

어때요. 방사선에 관해서 어느 정도 이해가 되셨나요? 만약 우리가 학교에서 이런 사실들을 잘 배웠다면 따로 말씀드릴 필요가 없었을 겁니다. 하지만 우리나라에서는 방사능에 대해 제대로 교육하지 않아요. 얼마나 부실한지 그 예를 보여 드리겠습니다.

교과부(교육과학기술부, 현재 명칭은 교육부)가 2011년 4월 일선 학교에 내려보낸 안내 자료를 살펴 볼까요. 당시 후쿠시마 핵 사고와 관련해서 경기도교육청이 휴교를 지시하는 등 여론이 좋지 않자 전국 1만여 개의 초·중·고에 배포한 거예요. '궁금해요'라는 제목의 묻고 답하기 형식으로 작성된 자료입니다. 이 중 하나를 읽어 드릴게요.

"일본의 학교는 방사능과 관련하여 어떻게 대응하나요?"

질문에 대한 해답은 이렇습니다.

"지진이 발생한 일본에서는 방사능과 관련하여 학교가 휴업(교)한 사례는 없다고 합니다."

저는 이걸 읽고 정말 황당했어요. 실제로 후쿠시마 핵발전소 사고 당시 반경 30킬로미터 안에 있는 모든 초·중·고가 문을 닫았습니다. 도쿄에서도 상당수의 학교가 휴교했고요. 한 나라의 교육정책을 책임지는 기관에서 아이들에게 거짓말을 하고 있는 거지요.

또 다른 질문은 이렇습니다. "요즘 내리는 비 맞아도 되나요?"

일본에서 날아온 방사능 물질이 비에 섞여 내릴지도 모른다는 우려에 대해 교과부는 이렇게 답합니다.

"현재 우리나라 빗물 속의 방사선량은 마시는 물로 계산할 경우 하루에 2리터씩 1년 동안 계속 마신다고 해도, 병원에서 엑스레이 한 번 촬영한 것보다 수십 분의 1 수준이어서 지장이 없습니다."

너무 황당해서 드릴 말씀이 없네요. 기준치는 아무 의미가 없어요.

하나 더 보겠습니다.

"방사능도 다른 사람에게 전염되나요?"

대답은 이렇습니다.

"햇빛에 노출되었다고 몸이 오염되지 않는 것처럼, 방사능도 빛과 같은 에너지 흐름으로 오염되거나 전염되지 않습니다."

어떻게 생각하세요? 이것도 사실과 다릅니다. 피폭된 사람 주변에 있으면 함께 피폭돼요. '전염'의 개념에 대해 다르게 해석할 수도 있지만, 피폭된 사람과 떨어져 있어야 한다는 사실을 알리지 않았다는 점에선 옳지 않은 답변입니다.

후쿠시마 사고 이후 한국의 교육부가 학생과 학부모에게 배포한 안내 자료.

　제게 방사능을 전공한 후배가 한 명 있습니다. 이 친구한테 정부 기관에서 전화가 왔대요. 무슨 일이냐고 했더니 피폭 지역 일본인을 국내 비행기나 배에 태울 때 기준을 어떻게 정하면 좋겠느냐는 거예요. 무슨 얘기일까요? 방사능 측정을 해서 어느 정도 수치 이하일 때 다른 승객과 동승시킬 수 있겠느냐는 거예요. 전염 가능성이 없다면서 왜 이런 걸 묻는 거죠? 말씀드렸다시피 방사능은 주파수가 아주 높아요. 투과율이 높습니다. 피폭된 사람 안에 있는 방사능은 몸을 뚫고 나와 주변 사물과 인체에 영향을 미칩니다. 결국 선례를 찾지 못한 제 후배는 화물 기준으로 계산해 줬대요.

　혹시 후쿠시마에서 피폭된 어떤 사람이 유리문 너머로 안타깝게 가족을 바라보며 헤어지는 사진을 본 적 있습니까? '전염'되지 않는다면 왜 격리시킬까요? 하나 더 예를 들어보죠. 갑상선암에 걸렸을 때 방사능 치료를 합니다. 요오드를 투과하는데 그런 다음 일반인과 격리시켜요. 바로 나가면 주변 사람이 다 같이 피폭되기 때문이에요. 의사는 방사능 요오드 치료를 받은 환자에게 최소한 며칠 동안은 집에서도 그냥 혼자 있으라고 조언합니다.

앞서 '방사능 비'에 관해서는 이렇게 말씀드릴 수 있어요. 교과부 자료의 핵심은 수치가 낮으니 안심하라는 겁니다. 후쿠시마 사고 직후인 2011년 4월 7일 우리나라에 내린 비에는 제주도 기준으로 리터당 요오드131이 2.77베크렐, 세슘134가 1.01베크렐이 포함되어 있었습니다.

한국에서 이 정도 농도의 '방사능 비'가 내린 것은 처음입니다. 어쨌든 후쿠시마 핵발전소에서 발생한 방사능 물질이 비에 섞여 내렸다는 거예요. 세계보건기구의 권고 기준인 리터당 10베크렐보다는 낮지만 광주, 부산, 제주에서는 미국의 식수 허용치 기준인 4베크렐보다 높은 양의 방사능 물질이 비에 섞여 내렸습니다. 따라서 미국 기준으로는 먹어서는 안 되는 비가 내린 것이지요. 따라서 정부가 '안심하고 1년에 2리터씩 마셔도 된다'고 말한 것은 위험한 내용입니다. 더욱이 어느 정도 방사능 물질이 포함되어 있는지 모르니 '가능하면 맞지도 말라'고 했어야 맞습니다.

방사능이 암 발생률을 높인다

자, 그럼 이 방사능이 얼마나 위험한지 말씀드릴 차례입니다. 다른 건 몰라도 이건 꼭 기억하셔야 해요.

다음은 미국 국립과학아카데미에서 펴낸 흔히 베어세븐이라 불리는 저선량 방사선 노출의 위험성이라는 보고서에 나오는 내용입니다. (National

Research Council. Health Risks from Exposure to Low Levels of Ionizing Radiation: BEIR VII Phase 2. Washington, DC: The National Academies Press, 2006.)

방사능과 암의 관계를 보여주는 그림입니다. 동그라미 100개는 각각 한 명의 사람을 뜻합니다. 색이 채워진 동그라미는 방사능이 아닌 이유로 암으로 진단받을 확률이에요. 모두 42개입니다. 즉, 우리가 살아가면서 방사능과 상관없이, 어떤 암이든 진단을 받을 확률이 42퍼센트라는 걸 보여줍니다. 왼쪽 맨 아래 별 표시는 무얼까요? 방사능으로 인한 암 발병자를 뜻합니다. 한 차례 100밀리시버트의 저선량 방사능에 노출되었을 경우로, 여기 그림에선 100명 중 1명입니다.

피폭된 방사능량이 100밀리시버트일 때 100명 중 한 명꼴로 암에 걸린다면 10밀리시버트는 1000명 중 한 명, 1밀리시버트라면 1만 명 중의 1명이 암에 걸린다는 것이 지금까지의 연구 결과라고 합니다.

또한 이 연구 보고서의 중요한 결론 중 하나는 이러한 위험성의 문턱치 즉, 역치가 없다는 것입니다. 이를 비역치 선형모형(linear no-threshold model, LNT model)이라고 합니다. 즉 낮은 수준의 방사선도 위험하다는 것입니다. 이것이 전 세계에서 받아들이는 지금까지의 과학적 연구 결과입니다. 다시

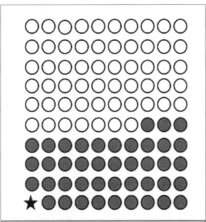

Figure 2. In a lifetime, approximately 42 (solid circles) of 100 people will be diagnosed with cancer[2] from causes unrelated to radiation. The calculations in this report suggest approximately one cancer (star) in 100 people could result from a single exposure 100 mSv of low-LET radiation.

미 국립과학아카데미의 저선량 방사능 노출과 암의 위험성.

말하면 엑스 레이를 찍어도 그만큼의 암이 걸릴 가능성은 증가하는 것입니다. 암이 걸릴 확률이 개인적으로는 낮겠지만 가슴 엑스레이를 찍을 때 노출되는 방사능량이 0.1밀리시버트니 10만 명당 1명은 암에 걸릴 위험성이 있는 것이고, 이를 전 국민에게 적용하면 연 500명이 되니 문제가 됩니다.

병원에서 복부 CT(컴퓨터 단층촬영)를 찍을 때는 어떻게 될까요? CT는 방사선인 엑스선을 사용합니다. 이때 피폭되는 방사능이 10밀리시버트예요. 평생 암에 걸릴 확률이 1000분의 1, 즉 0.1퍼센트 상승합니다. (청중 "그렇다고 CT를 안 찍을 수는 없잖아요.") 그렇습니다. 의학적 치료의 목적으로 사용되는 방사능 기기는 불가피한 측면이 있어요. 하지만 최소화 해야 합니다. 남용해선 안 돼요. 외국에서는 CT는 소아에게는 가능하면 사용하지 않아야 할 검사로 분류합니다.

물론 반론도 있습니다. '좋은 방사능'도 있다는 거예요. 그 근거라는 것이 이런 거예요. 일본에서 방사능 물질이 함유된 온천 주변에 사는 원숭이들을 조사했더니, 수명이 일반 원숭이보다 길더라는 식이에요. 독도 때론 약이 된다는 얘깁니다. 이런 주장을 호르메시스(hormesis) 이론이라고 합니다. 좀 더 그럴듯한 연구 결과도 있습니다.

미국의 한 연구소 종사자 3만 명에 대해 32년간 추적 조사한 결과 0.05~0.2시버트 정도 피폭된 종사자의 경우 암이나 백혈병 사망률이 일반인보다 낮았다고 합니다. 자연 방사선 지역의 주민들이 일반인보다 더 건강하다는 자료도 이 이론의 근거로 쓰입니다. 일본 돗토리 현의 미사사 온천은 라듐, 라온이 함유된 방사능 온천인데 이 온천을 이용하는 주민의 암 사망률이 일본 평균에 비해 절반 정도에 불과하다는 겁니다.

문제는 이런 이론들이 전부 핵 사용을 추진하거나 찬성하는 쪽에서 만들어진 거라는 거예요. 방금 전 말씀드린 미국의 한 연구소는 제2차 세계대전 당시 핵폭탄 제조에 참여했던 한포드(Hanford)라는 곳입니다. 자신들에게 유리한 이론을 만들 필요성이 있었다고 짐작할 만합니다.

이런 연구를 지원하는 곳이 어딘지 보면 의도는 더욱 분명해집니다. 이 '방사능 호메시스 이론'을 연구하는데 미국 에너지총국에서 1997년에서 2003년까지 경비 대부분을 지원했습니다. 1억 달러, 우리 돈으로 1000억 원을 연구비로 준 겁니다. 그럼에도 인체를 대상으로 한 결과가 없어요. 과학적으로 입증되지 않은 겁니다. 핵발전 찬성론자들은 이것이 사실인 것처럼 의도적으로 유포시킵니다.

그러나 앞서 말씀 드린 것처럼 미 국립과학아카데미에서 이런 주장은 과학적으로 근거도 없고 공중 보건, 즉 건강이란 관점에서 볼 때 위험하다는 결론을 내린 것이지요. 핵발전소를 짓는 것을 찬성하는 입장인 IAEA(국제원자력기구)의 자문 민간 기구인 ICRP(국제방사선방호위원회)에서도 이런 사실을 마지못해 인정하고 있습니다.

호메시스 이론은 한국 원자력 지지 단체도 자주 주장하는 이론이니 현혹되어서는 안 되겠지요. 이런 황당한 이론을 개발하고 홍보하는 데 아까운 국민의 세금을 쏟아붓느니 그 돈으로 대체 에너지 개발에 투자할 생각을 왜 못하는 걸까요. 안타깝습니다. 방사능이 때론 유익하다는 이야기는 현재 세계적으로 방사능 관리 기준이 계속 강화되는 이유를 설명하지 못합니다.

예를 들어 직업인 기준을 보면 1924년에는 700밀리시버트였던 것이 계속 내려가서 지금은 20밀리시버트, 10밀리시버트까지 내려갔어요. 그 사이 70배나 떨어졌어요. 일반인 기준은 1960년대에 간헐적 노출 기준 50밀리시버트, 지속적 노출 기준 15밀리시버트였던 것이 각각 1993년, 1989년에 1밀리시버트로 떨어졌습니다. 이건 핵발전소를 짓는데 찬성하는 국제방사선방호위원회(ICRP)의 기준입니다. 더 나아가는 학자들도 있습니다. 지금 유럽방사선학회(ECR) 같은 곳에선 0.1밀리시버트로 보고 있습니다. 병원 가서 엑스레이 한 번 찍는 것도 안 좋다는 얘깁니다.

당연히 의료용 기기에서 나오는 방사능도 좋지 않다는 겁니다. 대표적으로 아까 말씀드린 CT, 사람들이 얼마나 많이 찍습니까? 2011년 기준으로 연간 411만 명이 CT를 찍습니다. 병원에서도 의사들이 별생각 없이 권해요. 우리나라처럼 방사능이 남용되는 나라가 없어요. 우리나라는 아직도 방사능에 대해 너무도 관대합니다.

핵은 인간이 만든 불치병

지금까지는 인공적으로 만들어진 방사능 이야기를 했습니다. 그럼 이제 자연계에 존재하는 방사능 이야기를 해 보도록 하지요. 여러분, 자연 상태에 존재하는 방사능은 어떨까요? 핵폭탄이나 핵발전소에서 나오는 것보다는 덜 위험할까요. 왠지 그럴 거 같죠? 결론부터 말씀드리자면 그렇지 않습니다. 방사능은 다 똑같습니다. 다만 자연적으로 존재하는 방사능은 우리가 잘 의식하지 못하는 측면이 있을 뿐이에요.

대표적인 게 우주에서 지구로 날아오는 방사능이에요. 특히 북극 지역 수치가 높습니다. 그래서 비행기들이 북극 지역을 통과하는 대신 주변으로 돌아갑니다. 비행기에서 일하는 분들은 그런 자연 방사능에 상시 노출되잖아요. 가끔 타는 일반인보다 더 위험합니다. 항공사도 그 사실을 잘 압니다.

그래서 싱가포르의 어떤 항공사는 임신한 승무원은 지상 근무만 시켜요.

지구 상에는 일정량의 방사능이 존재합니다. 그중엔 그동안 지구에서 있었던 핵실험, 핵 사고로 인한 것도 포함되죠. 지하나 사막에서 했던 핵실험으로 발생한 방사능도 여전히 지구에 남아 떠돌고 있습니다.

여러분, 혹시 존 웨인이라는 영화배우를 아십니까? 서부영화에 총잡이로 자주 등장했었지요. 그 배우가 암으로 죽었습니다. 그 밖에도 많은 미국 배우들이 암으로 사망했어요. 존 웨인이 활동하던 시절 서부 영화의 배경은 네바다 주였습니다. 서부 산악 지대 중 가장 건조한 지역이에요. 미국의 핵실험장이 있는 곳입니다. 관련성이 전혀 없다고 할 수 있을까요? 아까 말씀드렸다시피 방사능과 암 발생률은 비례합니다. 자연 방사능이든 핵실험, 핵발전 사고로 인한 인공적 방사능이든 인체에는 치명적이에요.

그럼 이번엔 음식을 통해 들어오는 방사능에 대해 말씀드리겠습니다.

후쿠시마 핵발전소 사고로 일본산 식품의 수입을 금지하는 사례가 늘고 있습니다. 프랑스는 일본 시즈오카산 녹차에서 기준치 이상의 방사성 세슘이 검출되자 이를 전량 폐기 처분합니다. 2011년 6월에 일어난 일이에요. 차(茶) 문화가 발달한 일본에서도 시즈오카의 차는 특히 유명합니다. 일본에서 소비되는 녹차의 절반이 이 지역에서 생산됩니다.

그리고 또 하나 일본의 유명한 특산품이 바로 소, 즉 와규(和牛)입니다. 전 세계에서 가장 비싼 소예요. 마리당 1억이 넘습니다. 일본 재래 품종과 서양 소의 교배를 통해 개량한 품종인데 고기 맛이 아주 뛰어나다고 합니다. 그런데 후쿠시마 현을 비롯해 그 옆 도이치 현에서도 와규가 세슘에 오염되었다는 사실이 확인되면서 출하를 금지했습니다. 오염된 볏짚을 먹은 소가 몽땅 피폭된 거예요. 체르노빌 핵 사고가 있었던 우크라이나도, 외부 피폭보다 먹어서 생기는 내부 피폭이 더 많았습니다.

그러다 보니 일본 식탁 전체가 불안해졌습니다. 심지어 일본 본토에서도 한참 떨어진 오키나와의 흙에서도 기준치 이상의 방사능이 나와요. 이유는 원예용 흙을 핵 사고가 있었던 동북부에서 들여왔던 겁니다. 방사능은 공기와 물과 흙, 지구상에 존재하는 모든 물질을 통해 퍼집니다. 거기서 자란 작물에서 방사능이 나오고, 그걸 먹고 자란 가축들에서 방사능이 나옵니다.

이런 상황을 깨달은 일본인들은 자구책을 마련합니다. 핵 사고가 난 후 아이들을 해외로, 정 안 되면 멀리 떨어진 오키나와 남쪽으로 보냅니다. 직접적인 행동을 하기도 해요. 보통 일본에서는 1000명 이상 모이는 집회를 보기 힘듭니다. 그런데 핵발전소 사고 후에 제가 본 것만 해도 수차례나 돼요. 핵 관련 심포지엄에 5000~6000명이 와요. 2013년 6월 2일 일본 국회 앞에서는 정부의 핵발전소 재가동 반대 및 폐쇄 촉구를 위한 시위가 있었는데 이때 참여 인원이 6만 명입니다. 애초에 모인 인원이 1만 8000명쯤이었는데 진행하면서 시민들이 계속 합세한 거예요. 완전히 달라지고 있는 거죠.

이렇게 나날이 높아지는 시민들의 요구에도 일본 정부는 무기력하기만 합니다. 이미 인구 최대 밀집 지역인 도쿄까지 방사능에 오염된 상황에서 갈피를 못 잡고 있어요. 그 많은 사람들을 다 어디로 대피시킵니까? 차라리 수도를 옮기는 편이 나은 상황인 거예요. 일본 정부에서 방사능 기준치를 높인 이유입니다. 괜찮다, 괜찮다 하는 거예요.

핵 사고가 한번 나면 인력으로 어쩔 수 없다는 겁니다. 막을 수도 없고, 돌이킬 수도 없고, 피할 수도 없어요. 게다가 연쇄적으로 피해가 발생합니다. 처음엔 대기 중의 방사능 물질이 호흡기를 통해 인체에 쌓입니다. 그러다 비가 오면 낙진이 되어 땅으로 스며들죠. 식수가 오염됩니다. 이어서 땅이 오염되고 거기서 자란 농작물, 그걸 먹고 큰 가축, 결국엔 모든 게 상위 포식자인 인간의 몸에 축적되는 거예요.

'우리 식탁을 방사능으로부터 지키는 것.' 지금 일본 서점에 가면 쉽게 눈에 띄는 책들입니다. 결론은 아주 단순하고 명확합니다. 핵발전은 결코 안 된다. 핵은 터지면 모든 게 끝난다. 의사로서 말씀드리면 핵은 인간이 만든 불치병입니다.

평화와 환경을 함께 외쳐야 할 이유

질문: 2011년 11월에 후쿠시마에서 7, 8일 정도 머문 적이 있습니다. 사고 지점 20킬로미터 경계선까지 갔었는데요. 혹시나 싶어 제 몸 상태를 알아보고 싶습니다. 어느 병원에 가서 어떤 검사를 받으면 될까요?

답변: 원자력 병원에 가세요. 우리나라에서 방사능 피폭검사를 할 수 있는 유일한 곳입니다. 후쿠시마 핵 사고가 났을 때 우리나라 방송사에서도 취재를 갔습니다. 이때 현장 근처까지 간 사람들이 꽤 있었어요. 그분들도 거기서 검사를 했습니다. 질문하신 분은 잠깐 갔다 오신 것이기 때문에 피폭량이 많지는 않을 거 같고요. 설령 DNA 손상이 있다고 하더라도 곧바로 암으로 연결되는 것은 아니라는 정도로 말씀드릴 수 있겠습니다.

질문: 일본에 사는 친구와 편지를 주고받고 있습니다. 가끔은 책도 보내오고요. 도쿄에 사는 친구인데 그렇다면 책이나 편지도 오염되었을 테니 위험할

까요?

답변: 편지나 책은 오염되지 않습니다. 설령 있다 해도 극히 미미한 양의 방사능일 거예요. 그 정도는 괜찮을 것 같습니다.

질문: 후쿠시마 핵발전소에서 대량의 방사능 오염수가 계속 바다로 흘러들고 있습니다. 이에 따른 바다의 오염 실태는 어느 정도로 보시나요?

답변: 관련 자료가 없는 상황이라 말씀드리기가 어렵습니다. 핵폭발 관련 자료 중 가장 상세한 것이 1945년 히로시마와 나가사키에서 피폭된 사람들을 대상으로 한 연구입니다. 미국은 핵폭발 후 어떤 일이 발생하는지를 조사하려고 폭탄 투하 이전부터 치밀하게 준비해요. 사람들이 제일 많이 이동하는 출근 시간대인 오전 8시 15분 히로시마에 핵폭탄이 투하된 것도 의도된 것입니다. 이후에는 원폭상해조사위원회(ABCC)를 설립해 피폭자의 건강에 대한 추적 조사를 합니다. 그런데 여기에 바다를 통해 어떻게 전파가 되는지, 해양 생태계에 어떤 영향을 주는지에 대한 연구는 없어요. 예전에 흑해에서 러시아 핵잠수함 사고가 있었는데 이때 바다의 오염에 관한 자료가 아주 조금 있습니다.

이번 후쿠시마 핵 사고처럼 태평양이라는 큰 바다에 방사능 물질이 쏟아져 들어간 건 인류 역사상 처음 있는 일이에요. 전례가 없는 일이다 보니 나라마다 대처 방식도 다릅니다. 어떤 나라는 아주 엄격하게 대응합니다.

아까 식수 기준치 말씀드렸는데, 세계보건기구 기준치는 리터당 10베크렐, 캐나다는 6베크렐이에요. 미국은 4베크렐인데 식수는 궁극적으로 0이어야 한다는 목표까지 정했어요. 안전한 방사능이란 없다는 겁니다.

그런데 우리나라는 식수 기준치가 없어요. 식품은 기준치가 아예 없는 품목도 있습니다. 최근 일본 식품 때문에 일본 기준에 맞춘 수입 기준치가 생겼죠. 재난 기준치에서부터 평소 기준치까지 제대로 갖춰져 있지 않아요.

후쿠시마 핵 사고가 바다 생태에 미친 영향에 대해 제가 알고 있는 내용이라도 짧게 말씀드리겠습니다.

사고가 나자 처음에는 까나리 같은 작은 물고기에서 방사능이 나오기 시작하더니 시간이 지나면서 조금 큰 물고기에서도 방사능이 검출되기 시작했습니다.

지금도 후쿠시마 원전에서는 하루 300톤의 오염수가 태평양 바다로 유출되고 있습니다. 과학자들은 이것이 장기적으로 해양 생태계에 영향을 미칠거라는 정도로만 파악하고 있어요. 당장은 후쿠시마 연안의 생물들, 특히 바닥에 서식하는 생물이 가장 심각한 오염에 노출될 거로 보고 있습니다.

미국 서해안에서의 수산물에서도 방사능 검출이 보고되고 있습니다. 우리나라의 경우 최근 방사능 물질 확산에 대한 시뮬레이션 결과 동해안은 후쿠시마 이후 3년, 서해안은 조금 더 걸린다는 보고도 있지만 일본이 계속 오염수를 누출하고 있는 상황이고 전례가 없는 일이니만큼 앞으로 두고 보아야 합니다. 체르노빌에서도 방사능 오염의 80퍼센트가 식품에서 비롯되었다는 보고가 있습니다. 앞으로 가장 큰 문제는 식품의 방사능 오염입니다. 일본에서의 수입 식품에 대한 차단 또는 철저한 검사가 필요합니다. 한국은 일본의 바로 옆 나라이고 바다를 공유하고 있기 때문에 이것이 매우 중요합니다. 시간이 지나면 국내 수산물도 철저한 검사를 할 필요가 있습니다.

질문: 독일은 어떻게 탈핵 선언이 가능했던 걸까요?

답변: 독일 국민들이 반핵 운동을 하루 이틀 한 게 아니에요. 핵무기 반대 운동부터 시작해서 녹색당 같은 정당을 중심으로 수십 년간 운동을 해 왔습니다. 그것도 소규모 운동이 아닙니다. 대규모 거리 시위가 계속 이어져 왔습니다. 이러한 운동이 후쿠시마 핵 사고 이후 더 대규모화하고 그 효과가 나타난 거죠. 우리는 체르노빌 사고를 거의 모르다시피 지나갔습니다. 사고가 난 1986년 우리는 뭐 하고 있었죠? 한창 아시안 게임에 열을 올리고 있었습니다. 그런데 전 세계, 특히 유럽은 비상 상황이었어요. 언제 어디서 어떻게 방사능 물질이 날아올지 모르니까요. 우리와 가까운 일본도 그랬습니다. 한참 떨어진 체르노빌에서 사고가 났는데 자국 식품에서 방사능 수치가 막 올라가요. 한동안 난리법석이었습니다. 한국에서도 당연히 올라갔을 텐데, 우리는 모르고 지나갔죠.

독일은 오래 싸웠어요. 그러다 보니 다른 쪽 산업 기반이 생겼어요. 예를 들어 태양광을 연구하는 연구소, 태양광 관련 발전 시설을 만드는 기업들입니다. 대체 에너지 관련 산업 규모가 성장했습니다. 핵에서 대체 에너지로 흐름이 바뀐 거예요. 탈핵의 기반이 생긴 겁니다. 우리나라도 후쿠시마 핵발전소 사고를 기점으로 새로운 흐름을 만들 때가 아닌가 생각해요.

여기서 생각해 봐야 할 게 더 있어요. 탈핵을 선언한 독일과 국경을 맞대고 있는 프랑스에 핵발전 시설이 수두룩합니다. 58개의 핵발전소를 갖고 있어요. 미국 다음으로 세계 2위입니다. 프랑스에 사고가 나면 방출된 방사능이 편서풍을 타고 독일로 향합니다.

남의 나라 일이 아닙니다. 지금 중국이 핵발전 시설을 확충하고 있습니다. 문제는 발전소가 대부분 내륙이 아닌 동쪽 연안에 위치한다는 거예요. 사고가 나면 우리나라에 즉각적으로 영향이 옵니다. 기후 온난화 문제가 국제적인 문제인 것처럼, 핵 문제에는 정말 국경이 없어요. 핵으로부터 우리를 지키려면 국내의 핵을 없애기 위한 운동을 계속 펼쳐 나가는 한편, 이웃 나라와의 연대가 필요합니다.

탈핵 문제에서 한 가지 더 생각해야 할 점은 바로 핵무장입니다. 핵무기와 핵발전은 긴밀한 관계가 있어요. 핵발전소에서 나오는 사용 후 연료로 핵무기를 만든다는 건 지난 강의에서 들어서 알고 계실 겁니다. 핵발전소는 뒤집어 보면 핵무기 공장입니다. 각국이 여러 가지 압박에도 핵발전을 포기하지 않는 배경에는 바로 핵무장에 대한 욕망이 있는 겁니다. 평화와 환경을 함께 외쳐야 할 이유입니다.

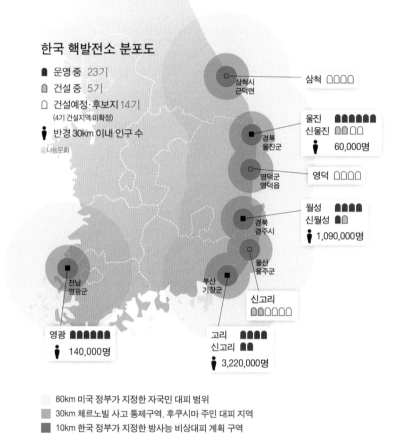

한국 핵발전소 분포도

- 운영 중 23기
- 건설 중 5기
- 건설예정·후보지 14기
  (4기 건설지역 미확정)
- 반경 30km 이내 인구 수

ⓒ나눔문화

삼척시
근덕면

삼척 🏠🏠🏠🏠

울진 🏭🏭🏭🏭🏭🏭
신울진 🏠🏠🏠🏠
👤 60,000명

경북
울진군

영덕군
영덕읍

영덕 🏠🏠🏠🏠

월성 🏭🏭🏭🏭
신월성 🏠🏠
👤 1,090,000명

경북
경주시

울산
울주군

신고리
🏠🏠🏠🏠🏠🏠

전남
영광군

부산
기장군

영광 🏭🏭🏭🏭🏭🏭
👤 140,000명

고리 🏭🏭🏭🏭
신고리 🏠🏠
👤 3,220,000명

80km 미국 정부가 지정한 자국민 대피 범위
30km 체르노빌 사고 통제구역. 후쿠시마 주민 대피 지역
10km 한국 정부가 지정한 방사능 비상대피 계획 구역

* 위 분포도는 '나눔문화'에서 제공했습니다. (2014년 2월 기준)

2111년 미래로부터 온 편지: 3·11 이후의 세상은?

강양구(《프레시안》 기자)

다음 공개하는 편지 형식의 글은 2010년 12월 31일 익명의 발신자로부터 온 메일이다. 이 긴 메일의 글쓴이는 자신을 2111년 한반도에 거주하는 과학자라고 주장하고 있다. 연말에 특히 폭발적으로 증가하는 스팸 메일 중 하나로 생각했던 이 메일에 새삼 주목한 것은 2011년 3월 11일 후쿠시마 핵발전소 사고를 겪고 나서다.

놀랍게도 이 글은 3개월 후에 일본에서 일어난 후쿠시마 핵발전소 사고를 구체적으로 언급하고 있었다. 여전히 이 메일이 미래로부터 온 것이라고 믿기에는 석연찮은 부분이 있지만, 이 글을 공개하기로 결정한 것도 이 때문이다.

글쓴이가 이전에 보냈다고 주장하는 아홉 편은 물론이고 이후에도 새롭게 받은 편지는 없다. 이 글의 원문은 현대 영어와 다소 다른 방식의 문법과 생경한 어휘를 사용하고 있다. 하지만 해독이 불가한 수준은 아니었다. 다음의 글은 원문을 한글로 번역한 것이다.

과거에게.

벌써 열 번째입니다. 지금 내가 쓰는 이 편지가 과연 과거, 그러니까 21세기 초의 누군가에게 성공적으로 전달될지 확신할 수 없습니다. 하지만 나를 포함한 소수의 과학자들은 오랜 연구 끝에 디지털 정보를 과거로 보내는 방법이 가능하리라는 결론을 내렸고, 이 편지는 그런 결론을 염두에 두고 만든 송신 장치를 통해서 발송되는 것입니다.

혹시 앞의 편지를 보지 못했을 수도 있으니, 먼저 내 소개부터 해야겠군요. 나는 2051년 7월 15일 한반도의 서울에서 태어났습니다. 그리고 지금은 강원도 원주 근처에서 거주하고 있습니다. 지금 이 편지를 보내는 시점이 2111년 3월 11일이니 60년 가까이 살았군요. 아마 당신은 상상도 못할 거예요. 지난 60년 동안이

---

* 이 글은 〈자음과모음 R〉 2012년 봄 호에 실렸습니다.

얼마나 고통의 나날들이었는지…….

　지난 아홉 편의 편지에서 나는 지난 21세기 100년간 무슨 일이 있었는지 비교적 상세히 묘사했습니다. 그 100년간의 열쇳말을 딱 하나만 꼽자니 '재앙' 외에는 떠오르지 않는군요. 테러, 전쟁, 가난과 같은 20세기의 유산에 가뭄, 홍수, 지진, 화산 폭발, 자원 고갈, 전염병 등 인류가 상상할 수 있는 온갖 재앙이 겹쳤으니까요.

　돌이켜 보면, 21세기 첫 10년을 살았던 이들 사이에 퍼졌던 '낙관'의 근거가 얼마나 가소로운지 모릅니다. '극단의 세기,' '살육의 세기' 등으로 불린 20세기의 핏빛 유산 위에 세워질 21세기를, 그들 아니 당신들은 어떻게 그렇게 낙관할 수 있었나요? 2001년 9월 11일, 앞으로 일어날 일을 예고라도 하듯이 미국 뉴욕에서 무역센터 쌍둥이빌딩이 주저앉은 테러 사건이 있었는데도.

　과거로 보내는 편지를 구상하면서 지난 100년간의 역사를 복기하다 보면, 2001년 9월 11일처럼 인류에게 새로운 선택을 강요하는 '계시' 같은 순간이 있습니다. 물론 번번이 인류는 여러 가지 선택지 중에서 최악을 택하곤 했지만요. 오늘 얘기의 화두가 될 2011년 3월 11일 일본에서 일어난 핵발전소 사고도 그중의 하나입니다.

후쿠시마 핵발전소 사고 이후

　우선 2011년 3월 11일 일본의 동북 지역에서 후쿠시마 핵발전소 사고가 일어난 다음에 무슨 일이 있었는지부터 얘기하지요. 3·11 사고 이후에도 한국을 비롯한 중국, 인도 등은 핵발전소 건설을 멈추지 않았습니다. 말레이시아, 베트남, 인도네시아 등이 이런 움직임에 동참하면서 2050년이 되면 아시아에 거대한 '핵

벨트'가 마련됩니다.

이렇게 동아시아에서 핵 벨트가 만들어질 수 있었던 가장 중요한 이유는 지구 온난화가 가져올 기후 변화에 대한 공포 때문이었어요. 지구 온난화를 막으려면 그것의 원인이 되는 온실 기체를 줄여야 하고, 최상의 대안은 핵발전뿐이라는 주장이 이견 없이 받아들여졌습니다. 전체 온실 기체의 21퍼센트 정도가 전기를 만드는 과정에서 발생했어요. 이걸 획기적으로 줄이려면 50년간 한국의 영광, 울진급 핵발전소를 2000~3000기 건설해야 한다고 주장합니다. 일주일에 하나꼴로 핵발전소를 짓자는 얘기지요. 2030년을 기점으로 급격히 생산량이 하락하기 시작한 석유 자원도 이런 분위기를 부추겼지요.

이런 주장에 과학자를 비롯한 지식인은 물론이고 일부 환경 운동가까지 동참했습니다. 이런 말도 안 되는 발상이 받아들여졌다는 게 이해가 안 됩니다. 왜냐하면, 핵발전소는 지구 온난화를 막는 데 기여하지 못했을 뿐만 아니라, 나중에는 인류를 더 힘들게 하는 요인이 되었기 때문입니다. 공포가 이성을 짓누른 결과라고나 할까요?

그렇게 아시아를 중심으로 핵발전소 건설 경쟁이 시작되었습니다. 그러나 핵발전소 건설이 말처럼 쉽나요? 까다로운 부지 선정 과정, 격렬한 주민 반대 운동, 핵확산을 우려한 국제 사회의 반대 등을 무릅쓰고 첫 삽을 뜨기까지 짧게는 5년 길게는 10년 이상 걸리는 경우가 태반이었습니다.

한국만 해도 운영하던 23기의 핵발전소에 더해서 2024년까지 14기를 추가로 건설하려는 계획을 가지고 있었어요. 하지만 2050년 한국에서 가동 중인 핵발전소는 30기에 불과했습니다. 40년 가까이 기를 쓰고 핵발전소 확대를 추진했지만 고작 7기를 늘리는 수준에 머무른 것입니다.

앞에서 언급한 어려움 때문이기도 하지만 실제 이유는 이렇습니다. 2020년이
되자 1978년부터 1989년 사이에 지어진 9기의 핵발전소가 가동한 지 30년이 넘
어서 폐쇄해야 할 상황이 되었고 2030년이 되자 그 숫자가 더 늘어납니다. 정부
가 아무리 수명을 늘린다 한들 낡은 핵발전소 중 일부의 폐쇄를 피할 수 없었기
때문입니다.

한반도의 좁은 땅덩어리도 문제가 되었습니다. 더 이상 핵발전소를 지을 곳을
찾기가 어려워졌으니까요. 주민 반대 운동은 어떻고요. 3·11 사고를 계기로 핵발
전소의 문제점을 인식하기 시작한 대중은 앞으로 얘기할 또 다른 핵 재앙을 겪으
면서 거의 '핵 노이로제' 수준의 공포를 느끼게 되었어요.

이러니 어떻게 계획대로 핵발전소를 확장할 수 있었겠어요. 사정은 전 세계가
비슷했습니다. 사실 핵발전소 건설이 각광 받던 20세기의 마지막 50년간 전 세계
에 지어진 핵발전소의 수가 약 450기 정도였다는 걸 염두에 둔다면, 애초부터 무
리한 계획이었습니다. 더구나 21세기 초반 석유, 석탄 같은 화석 연료는 전기 생
산뿐만 아니라 산업(17퍼센트), 수송(14퍼센트) 부분에서도 적지 않은 양의 온실
기체를 배출했어요. 일상생활에서 배출하는 온실 기체의 절반 가까이는 자동차
(40퍼센트), 비행기(16퍼센트)에서 나왔고요. 핵발전소로는 이걸 줄일 수가 없었
습니다. 당시의 지식인들은 왜 이런 사실을 알아채지 못했을까요? 도대체 그들은
무엇에 홀렸던 것일까요?

100년간의 '핵 재앙'

일본에서 3·11 사고가 일어나고 나서도 수십 년간 핵발전소를 지지하는 이들
은 주술처럼 이런 얘기를 되뇌었습니다. "안전한 핵!" 지난 100년 동안 수많은 핵

재앙을 직접 혹은 간접 경험한 나로서는 이런 말도 안 되는 얘기가 그토록 오랫동안 상식으로 받아들여진 이유가 궁금할 따름입니다.

이미 앞의 편지에서 언급했듯이 지난 100년간 온갖 테러 사건이 일어났습니다. 그 테러의 대부분이 바로 '핵테러'였다는 걸 한 번 더 강조하고 싶어요. 최초의 핵테러 대상은 세계 각국의 정상들이었어요. 공교롭게도 이들은 핵테러를 예방하고자 마련된 '핵안보정상회의'에 참가했다가 목숨을 잃을 뻔했습니다.

2024년 4월 인도 뭄바이에서 열린 핵안보정상회의 장소 근처에서 핵물질이 담긴 자동차가 폭발 직전에 발견되었어요. 다행히 인명 피해는 없었지만 이 사건은 핵 테러가 어디서나 일어날 수 있다는 사실을 전 세계인의 머릿속에 똑똑히 각인시켰어요.

2034년 11월에는 미국 동부에서 테러 집단에 의해 핵발전소가 점거당해 냉각 장치가 파괴되는 사건이 있었습니다. 이 사건은 미국에 들어선 진보 정부에 반감을 품은 극우 세력의 소행으로 확인되면서 큰 충격을 줬어요. 점거에 참여한 테러리스트의 상당수가 기독교 근본주의자들이었습니다.

핵테러의 결정타는 바로 2040년 2월 26일 중국 산둥 지역의 한 핵발전소에서 일어났습니다. 원인을 알 수 없는 내부 폭발로 후쿠시마 핵발전소 사고 때와 비슷한 수준의 핵물질이 유출되었어요. 아직도 사고 원인이 명확히 밝혀지지 않고 있는데요. 중국은 미국 등이 주도한 서방 국가들의 핵테러로 여기고 있으나, 그쪽에서는 중국의 운영 미숙을 원인으로 꼽습니다.

원인이 무엇이었든 가장 큰 피해를 본 곳은 한반도였습니다. 핵발전소에서 유출된 방사성 물질이 편서풍을 타고 한반도로 유입됐거든요. 그해 3, 4월 수차례에 걸쳐서 방사성 물질이 포함된 황사 바람이 한반도를 덮쳤습니다. 오죽하면 당시의 언론이 '황사' 대신 '핵사'라는 이름을 붙였겠어요. 잇따른 사고는 핵물질을 세상에 내놓을 뿐만 아니라, 상상할 수 없는 공포를 사람들에게 안겨줍니다. 한 사회를 마비시킬 정도로 말이지요. 2040년의 한국이 바로 그랬습니다.

한국에서 기형아 탄생을 우려해 낙태가 속출했습니다. 그렇지 않아도 이른바 '출산 파업' 문제가 심각했던 대한민국은 수년이 지난 후에도 여성이 아이 낳기를 기피해 큰 문제가 되기도 했어요. 백혈병과 같은 혈액 암, 갑상선 암 등의 증가가 보고되기도 했으나, 그 인과 관계를 둘러싼 논란은 결론이 나지 않은 채 계속되는 중입니다.

지난 100년간의 '핵 재앙'을 열거하려면 한도 끝도 없으니, 딱 한 가지만 더 언급하고 이쯤에서 멈춰야겠군요. 다행히 아직 핵전쟁은 없었습니다. 하지만 핵무기는 전 세계로 퍼졌습니다. 남아메리카, 아시아, 아프리카의 여러 나라가 핵무기를 보유하고, 심지어 몇몇 테러 집단도 핵무기 보유를 선언한 상황입니다.

이는 21세기 초반의 핵발전소 확대와 깊은 관계가 있어요. 1945년 일본 히로시마와 나가사키에 떨어진 미국의 핵폭탄이 1950년대부터 시작된 핵발전의 기원이었던 것처럼 말입니다. 결과적으로 핵의 '평화적 이용(핵발전)'과 '군사적 이용(핵무기)'의 경계는 애초부터 없었던 것입니다.

지금 이 순간에도 인류는 어디서 핵무기가 터질지 몰라 불안에 떨면서 살고 있습니다. 분쟁 지역 어디 한 군데서라도 핵무기의 방아쇠가 당겨진다면 그것은 곧 전 세계적인 핵전쟁으로 이어질 수 있으니까요.

핵 쓰레기의 역습

문제는 또 있습니다. 지난 150년간 핵발전소에서 나온 폐기물입니다. 놀라지

마세요! 핵발전소에서 나온 '사용 후 핵연료'와 같은 고준위 핵폐기물을 처리하는 시설을 22세기가 된 지금까지 전 세계 어느 나라도 만들지 못하고 있습니다.

고준위 핵폐기물을 처리하는 일은 '불가능'에 가깝습니다. 폐기물에는 짧게는 수천 년에서 길게는 수십만 년 동안 방사선을 내뿜는 방사상 물질이 포함되어 있어요. 사용 후 핵연료에 포함된 방사성 물질 중 하나인 플루토늄만 하더라도 소멸 기한이 수만 년에 달합니다(반감기만 2만 4000년!).

인류가 그 기간 동안 통제할 수 있는 인공물을 만드는 것은 사실상 불가능합니다. 21세기 초만 하더라도 인류가 고준위 핵폐기물 처리장을 지을 수 있으리라는 기대감이 있었습니다. 실제로 미국, 핀란드 등에서 시도했고요. 하지만 모두 실패했습니다.

일단 고준위 핵폐기물을 영구 보관할 수 있는 장소를 찾는 것 자체가 쉽지 않았어요. 수만 년 후의 기후 변화까지 염두에 두고 홍수, 지진, 화산, 테러, 전쟁 등 모든 재앙으로부터 안전한 곳이 도대체 어디일까요? 설사 그런 장소를 찾아서 고준위 핵폐기물을 처분한다고 하더라도 방사능 물질이 소멸할 때까지 수천, 수만 년 동안 그것을 관리하는 것이 가능할까요?

질문은 꼬리에 꼬리를 뭅니다. 고준위 핵폐기물 처리장에 접근하려는 이들에게 '위험' 경고는 어떻게 할까요? 잘 알다시피, 인간의 언어는 워낙 빨리 변해서 같은 언어라도 500~600년이 지나면 독해가 어려워집니다. 사실 지금 이 글도 100년 전의 인간인 당신이 제대로 이해할 수 있을지 의문입니다.

그림이나 기호는 어떨까요? 하지만 이 또한 시간이 흐르면 그 의미가 변합니다. 일례로 21세기 초만 하더라도 '십자가'는 기독교의 상징이었습니다. 하지만 100년이 지난 지금 십자가는 테러리스트와 일부 젊은이 사이에서 '증오(hate)'

를 상징하는 기호로 쓰입니다. 오죽하면 소수 신자로 여전히 명맥을 유지하는 지금 교회가 '십자가' 대신 '하트(♡)'를 자신의 상징으로 내걸었겠어요.

사정이 이렇게 되자 핵폐기물 시설을 고민하는 사람들 사이에서는 아예 봉인 장소를 인류의 기억에서 지워버리자는 얘기가 나오기까지 했습니다. 아무런 표식을 남기지 않음으로써 아예 접근조차 못 하게 하자는 겁니다. 하지만 이 역시 무책임하다는 비판을 받습니다. 훗날 아무것도 모르는 후손들이 핵폐기물 처리장위에 도시를 짓는다면 그 결과는 끔찍할 테니까요.

그래서 요즘은 핵폐기물 처리장에 소수 사람들을 거주시키고 이 지역을 격리하자는 얘기가 나옵니다. 인종, 종교 차이 때문에 차별받는 이들을 핵폐기물과함께 격리하자는 발상인데, 부끄럽게도 이런 주장은 전 세계 곳곳에서 호응을 얻고 있습니다. 22세기, 우리는 지금 말 그대로 '원자력 족(族)'의 탄생을 지켜보고 있습니다.

핵발전의 비윤리성

2079년 마지막 핵발전소가 아프리카 서남쪽의 나미비아에 지어집니다. 그리고지난 2109년 예정된 30년의 수명을 채웠습니다. 우라늄 매장량이 상당한 이 나라는 앞으로 10년 정도 더 이 핵발전소를 가동할 예정입니다. 말 그대로 '핵발전의 황혼'이 얼마 남지 않았습니다.

100년이 지난 지금, 핵발전을 '미래 에너지'라고 목소리를 높이는 이들은 아무도 없습니다. 핵발전의 연료가 되는 우라늄의 전 세계 생산량이 2070년을 기점으로 급격히 하락하고 있기 때문입니다. 마치 화수분 같아 보였던 우라늄 역시석탄, 석유와 마찬가지로 유한한 자원이었습니다.

핵발전소에서 나오는 핵폐기물을 재처리해서 다시 핵연료로 사용하는 안도 폐기된 지 오래입니다. 이를 위해 일본, 프랑스에 이어서 인도, 중국 등 많은 나라가 새로운 원자로 개발에 나섰지만 번번이 실패했습니다. 안전성과 효율성, 양쪽 면에서 다 합격점을 받지 못했기 때문입니다. 재처리가 유행하면서 핵무기의 원료로 쓰일 수 있는 플루토늄만 잔뜩 만들어졌고요.

세계 곳곳에 쌓인 핵폐기물은 오늘날 인류의 골칫거리입니다. 그뿐만 아니라 핵발전소 자체도 불안합니다. 과거 해안에 지어진 수백 기의 핵발전소는 지구 온난화가 불러온 해수면 상승으로 상습적인 침수 위험에 노출돼 있어요. 여기에 곳곳에 숨어 있는 핵무기까지 더하면 한숨이 저절로 나옵니다.

'극단의 세기'(20세기)에 잉태한 핵발전소가 '재앙의 세기'(21세기)를 지나서 22세기까지 부정적인 영향을 미친 셈입니다. 왜 인류는 3·11 사고와 같은 재앙을 눈앞에서 지켜보면서도 다른 선택을 하지 못했을까요? 21세기 초 잠깐의 풍요가 불안으로, 불안이 다시 재앙으로 바뀌는 과정을 지켜본 저는 바로 이 질문에 답을 찾고 싶었습니다.

그리고 고심 끝에 찾은 답은 '사고의 관성'이었습니다. 20세기를 지나면서 우리는 모든 문제에는 해답이 있고, 그 해답은 바로 과학 기술을 통해서 찾을 수 있으리라는 사고방식에 익숙해졌습니다. 그런 사고방식은 과학 기술이 낳은 여러 가지 문제조차도 바로 그 과학 기술이 해답을 제시하리라는 기대를 낳았지요. 인류는 '사고의 관성'이 만든 감옥에 갇혀 버린 것입니다.

에너지를 둘러싼 문제 역시 마찬가지입니다. 21세기 초반 석유 고갈, 더 나아가 석유와 같은 화석 연료가 가져올 지구 온난화 문제가 되자 인류는 손쉬운 해결책으로 핵에너지를 택했습니다. 과학 기술이 낳은 문제(자원 고갈, 지구 온난화)를 과학 기술(핵에너지)로 해결할 수 있다고 생각한 것입니다.

3·11 사고를 바라보는 시각도 이런 관성에서 벗어나지 못했습니다. 사고가 일어나자 당장 좀 더 안전한(!) 핵발전소가 해법으로 등장했습니다. 핵발전소를 걱정하던 측도 이런 관성을 강화하는데 알게 모르게 한몫했습니다. 반대자들이 핵발전소의 '위험'을 강조할수록 상대편은 '안전'의 목소리를 높였으니까요. "위험한 핵발전소가 문제라면, 안전한 핵발전소를 만들어 줄게!" 이런 식으로 말입니다.

만일 그때 다른 시각으로 핵발전을 바라보았으면 어땠을까요? 윤리적 측면에서 접근해 보는 것입니다. 핵발전은 '위험'할 뿐만 아니라 정의롭지도 않습니다. 핵발전을 지속하기 위해 희생을 강요당하는 이들이 있기 때문입니다.

3·11 사고가 일어난 지 채 1년도 안 된, 2012년 1월 16일 한국의 밀양에서는 70대 노인이 스스로 목숨을 끊었습니다. 그 노인은 평생 농사를 지으며 살던 땅이 송전탑으로 망가지는 현실에 저항하다가 그런 극단적인 선택을 해야 했어요. 그런데 지역 주민이 목숨을 던질 만큼 반대가 심한 송전탑을 도대체 왜 세워야 했을까요?

핵발전소는 보통 전기 소비가 적은 바닷가의 소외 지역에 세워졌어요. 아들딸을 도시로 떠나보내고 고향을 지키던 노인들이 대부분이었던 지역민들은 나랏일에 협조한다는 명분으로 혹은 몇 푼 안 되는 보상금에 핵발전소를 떠안았습니다. 그리고 그곳에서 생산한 전기를 서울과 같은 수도권, 대전, 대구와 같은 대도시로 옮기고자 농촌, 산촌과 같은 또 다른 소외 지역에 송전탑이 지어집니다. 이런 식으로 계속 희생자가 생기는 것이지요.

아까 대를 이어서 핵폐기물을 떠안아야 할지 모르는 '원자력 족' 얘기를 했었죠? 마찬가지입니다. 3·11 사고 때는 어땠나요? 현장에서 목숨을 잃은 노동자가 있었지요. 그뿐만 아니라 사고 현장에 투입되었던 노동자가 평생을 피폭으로 고통받다가 죽어서 일본 사회에 큰 충격을 주었습니다. 핵발전소는 위험천만한 직장이기도 합니다. 수많은 노동자의 생명을 담보로 한 희생이 없다면 핵발전소는 단 1킬로와트의 전기도 생산할 수 없습니다.

마지막 핵발전소가 지어진 지 30년이나 지났지만 인류는 앞으로도 오랫동안, 어쩌면 인류 문명이 종말을 고할 때까지 지난 150년간의 핵발전이 남긴 상처로 고통받을지 모릅니다. 이처럼 핵발전은 미래 세대의 희생을 기반에 둔 에너지입니다.

저는 한 세기를 앞서 산 당신에게 바로 핵발전의 비윤리성을 고발하고 싶습니다. 타인의 희생에 기반을 둔 에너지를 용인하는 것이 정의입니까? 설사 과학 기술로 '안전'해진다고 하더라도 말입니다. 3·11 사고 이후에 인류가 핵발전을 퇴출하는 합의를 끌어내지 못한 데는, 바로 이런 근본적인 문제에 대한 토론이 없어서가 아닐까요? 사고의 관성이 낳은 윤리의 부재 말입니다.

또 다른 미래를 위한 선택

이제 열 번째 편지를 끝맺어야 할 시간입니다. 다음에는 석유, 석탄과 같은 화석 연료나 핵에너지에 의존할 수 없게 된 인류가 어떻게 뒤늦게 에너지 전환을 강요당하고 있는지, 제가 사는 이 시대의 참담한 모습을 통해 알릴 생각입니다. 중요한 사실 한 가지만 미리 귀띔하자면, '핵융합'이나 '수소 혁명'처럼 21세기 초반 인류를 홀렸던 '꿈의 에너지' 따위는 허황한 말장난이었다는 것입니다!

이 편지를 과연 21세기에 전해질지도 의문이지만, 설사 누군가 읽는다고 하더라도 큰 기대는 하지 않습니다. 20세기가 빚어 놓은 21세기 초반의 인류에게 그런 반성 능력이 있으리라고 애초에 생각지도 않았으니까요. 비록 소수지만 그때도 이런 목소리를 내는 이들은 있었고, 번번이 외면을 당했지요!

다만 지금 내가 보는 황량한 미래를 당신도 볼 수 있고 더 나아가 지금 내가 느끼는 비탄의 감정을 당신도 느낄 수 있다면, 당신의 선택이라도 달라지지 않을까요? 그런 다른 선택이 또 그 선택을 향한 당신의 고군분투가 21세기의 모습을 조금은 낫게 바꾸지 않을까요? 당신의 또 나의 행운을 빕니다!

2111년 3월 11일
미래로부터.

이 정체불명의 편지는 여기서 끝낸다. 이 편지에 기록된 2014년 2월까지의 '사실'은 모두 오류가 없다. 다만 이 편지에서 2014년 3월부터 일어나리라고 기록된 일이 '사실'이 될지는 미지수다. 이 세상의 '과거-현재-미래'가 '하나'인지 아니면 '여럿'인지는 과학자 사이에서도 논쟁이 많은 주제이기 때문이다. 우리의 선택이 과연 미래를 바꿀 수 있을까? 『확실성의 종말』이라는 책에서 일리야 프리고진은 이렇게 말했다.
"미래는 주어지는 것이 아니다. 확실성은 더 이상 필요 없게 되었다. 이것을 인간의 패배라고 할 수 있을까? 나는 그 반대라고 믿는다."